Aus der Mitte des Herzens

Das Herz ist der Schlüssel der Welt

und des Lebens

Novalis

Für Inge, den Engel an meiner Seite.

Aus der Mitte des Herzens

Das Herz ist der Schlüssel der Welt

und des Lebens

Novalis

Dieses Buch und meine Geistreisen wollen, können, sollen und dürfen weder einen Arztbesuch ersetzen, noch irgendwen von der Einnahme verordneter Medikamente abhalten oder gar die Verantwortung für therapeutische Entscheidungen übernehmen. Das Buch und meine Geistreisen sind keine Grundlage für Behandlungen, Diagnosen oder Verordnungen. Alle Informationen, die Sie in diesem Buch oder in meinen Geistreisen erfahren, sind kein Ersatz für die Konsultation eines Arztes oder Heilpraktikers. Der Autor und der Verlag können keine Garantie für das Eintreten von Heileffekten übernehmen. Eine Haftung des Autors und des Verlags und seiner Beauftragten für Personen-, Sach- und Vermögensschäden ist ausgeschlossen.

RiWei

Verlag -GmbH

RiWei
Verlag -GmbH

1. Auflage September 2008
2. Auflage Oktober 2008

Gesamtherstellung: RiWei-Verlag GmbH
Druck: RiWei-Verlags Druckerei
Bindung: RiWei-Verlags Binderei
Umschlaggestaltung: Heidi Ertelt
Satz: Meike Scholtes

Postfach 20 04 54
93063 Regensburg
Tel. 0941 / 799 45 70
Fax. 0941 / 799 45 72
eMail: info@riwei-verlag.de

IBSN 978-3-89758-450-1

Inhalt:

Vorwort des Herausgebers

Es war für mich eine sehr große Freude, als Uwe Frantzen zusagte, ein Buch über seine Erfahrungen zu schreiben. Damals wusste ich noch nicht, dass er einen so spannenden und flüssigen Schreibstil hat, konnte es jedoch von den vielen Mails, die zwischen uns ausgetauscht wurden schon erahnen.

Dass der Urteilchen-Strahler so eine Fähigkeit auslösen kann, war mir auch bis dahin nicht bekannt. Während der Zeit, in der das Buch entstand, hatte ich einige meiner Freunde und Kunden an Uwe Frantzen weitervermittelt und so von beiden Seiten immer erfahren, was gerade geschah. Für die authentischen Beispiele kann ich mich persönlich verbürgen. Immer wenn Uwe Frantzen eine Heilreise unternommen hat, wurde mir von der besuchten Seite eine grundlegende Verbesserung der Situation bestätigt. Bei einigen Besuchen konnte ich mitreisen und die Erfahrungen waren deckungsgleich, auch wenn wir verschiedene Worte und Bilder dafür verwendet haben.

Uwe Frantzen ist ein selbstloser, sehr liebevoller Mensch, der alle Reisen und seine Arbeit, die er dabei verrichtet hatte, immer kostenlos gemacht hat. Alle Aufforderungen, doch wenigstens die Zeit entsprechend ausgleichen zu lassen, hat er kategorisch abgelehnt. Ich sehe aber, dass seine Zukunft nicht in der Bank liegt, sondern als Helfer in diesem Bereich.

Damit dies Wirklichkeit werden kann, muss er künftig einfach einen Ausgleich für seine investierte Zeit nehmen.

Wenn Sie also mit dem Autor Verbindung aufnehmen wollen, so lesen Sie die letzte Seite des Buches, da finden Sie alle Angaben und eine Kontakt-Emailadresse.

Wir haben schon angedacht, eine Ausbildung ins Leben zu rufen, die Interessierten ebenfalls die Möglichkeit gibt, diese Fähigkeit zu erreichen. Die Ausbildung des feinstofflichen Körpers ist für die geistige Welt nicht einfach und sollte daher von Erfolg gekrönt sein. Die Fähigkeiten können nach der Ausbildung übertragen werden. Grundsätzliche Voraussetzung der geistigen Welt ist es aber, dass die ausgebildete Person wirklich in Zukunft zum Wohle der Menschen damit arbeiten will. Jemand, der nur aus Jux einmal so eine Reise erleben will, ist da nicht am richtigen Platz.

Für mich ist dieses Buch das Wichtigste das ich bisher verlegt habe. Doch lesen Sie selbst, Sie werden mich verstehen.

Das Herz ist der Schlüssel der Welt
und des Lebens
Novalis

Vorwort

Ich gehe noch weiter, wenn ich sage, das Herz ist der Schlüssel des Universums und allen Lebens.

Sicherlich steht es mir nicht an, Novalis zu korrigieren, aber ich habe bestimmte Erfahrungen machen dürfen, die mich zu diesem Schluss kommen lassen.

Das Herz verstehe ich nicht nur im Sinne eines Muskels, der pro Schlag 70 ml Blut in die Aorta befördert, sondern als Symbol für die Liebe.

Die Liebe ist der Schlüssel, alles im Leben und im Universum bewegen zu können.

Liebe ist alles – alles ist Liebe!

Ich schreibe dieses Buch aus einem einfachen Grund: Ich möchte mit Ihnen ein Geheimnis teilen, das möglicherweise beim Lesen Verwunderung in Ihnen auslösen wird, vielleicht sogar Ablehnung.

Aber die Dinge, die ich zu Papier bringe, entsprechen in vollem Umfang der Wahrheit, sie sind wirklich geschehen. Ich kann im Einzelnen nicht erklären, wie sich die geheimnisvollen Dinge ereignen, denn ich bin kein Experte für (un)erklärliche Phänomene.

Das Buch wird nie ein letztes Kapitel haben, denn täglich geschehen in meinem Leben neue und wunderbare Dinge, die meine Erfahrungen vertiefen und bereichern.

Die Tatsache, dass Sie sich mit dem Buch auseinandersetzen, zeigt auch, dass Sie dabei sind, Ihr Bewusstsein - das Bewusstsein Ihres Herzens - zu erweitern.

Ich möchte in diesem Buch lediglich von eigenen Erfahrungen berichten, die ich selbst gemacht habe, und die für mich an ein Wunder grenzen.

Diese Erfahrungen habe ich erst kürzlich gemacht als 52-jähriger Mann, 30 Jahre lang mitten in einem weltlichen Berufsbild, nämlich als Angestellter einer Bank. Materieller geht's wirklich nicht mehr, mit beiden Beinen im Leben, wie man so schön sagt, übergewichtig, zu hoher Cholesterinspiegel, zu hoher Blutdruck, ein Nervenbündel im Wirbel des täglichen Finanzwahnsinns, Zahlendruck aushaltend und weitergebend und voller Ehrgeiz, seine eigenen „anderen" Erfahrungen mit den äußeren Bedingungen in Einklang zu bringen.

Meine „anderen" Erfahrungen sind aber so tiefgreifend, dass sie mein neues Leben mit dem Gesetz der Anziehungskraft erschaffen.

Es gibt Menschen, die in der Lage sind, den feinstofflichen Teil ihres Körpers zu beherrschen und zu steuern. Er ist wie eine Kopie des materiellen biologischen Körpers, aus allen Organen, auch den Sinnesorganen, wie etwa den Augen, nur submateriell. Sie können den feinstofflichen Körper an einen anderen Ort versetzen und dort Erkundungen machen. Dies ist nicht etwa ein Traum, denn diese Menschen bringen reale Informationen von dort mit. Scheinbar geschieht so etwas mit mir.

Erst kürzlich habe ich erfahren, dass man Menschen mit ähnlichen Fähigkeiten Remote Viewer nennt.

Begleiten Sie mich einfach – und staunen Sie!

Wie oben, so unten
Wie innen, so außen
Hermes Trismegistos - Tabula Smaragdina
vermutlich 3000 vor Christus

Wie alles begann

Irgendwann im Leben - und viele von Ihnen kennen das - möchte man den wirklichen Sinn in seinem Leben wissen, möchte man Dinge tun, die ein befriedigendes Ausgefüllt sein des Alltags versprechen.

Es ist immer eine Frage, was möchte ich im täglichen Leben umsetzen, um irgendwann einmal auf dem Sterbebett sagen zu können, es war ein wundervolles Leben. Ich habe g e l e b t.

Dieser, ich glaube natürliche Drang hat mich vor vielen Jahren bewogen, mich mit esoterischen Dingen auseinanderzusetzen.

Auf diesem vielseitigen Spielfeld gibt es viele Scharlatane, aber auch ehrliche, Sinn suchende Menschen mit den unterschiedlichsten Ausrichtungen, Ideen und Konzepten, die wirklich dazu führen, ein besserer Mensch zu werden.

Begonnen hatte dies für mich mit dem Weltbild der Hermetischen Philosophie.

Aber erst langsam im Laufe der Zeit wird mir immer klarer, warum ich auf diese Dinge damals gestoßen bin. Das Schicksal hält nämlich immer wieder neue Überraschungen bereit, von denen ich hier berichten möchte.

Was heißt aber besserer Mensch?

Als verheirateter Banker ist man in der Regel kopfgesteuert, Gefühle sind schlecht, man erwägt immer Entscheidungen mit dem vermeintlich logischen Verstand.

Aber im Laufe meiner Entwicklung habe ich eine Reihe interessanter Menschen kennen gelernt, die wirklich etwas zu sagen haben, die einen Sinn-Suchenden weiterbringen.

Ein solcher Mensch ist Helga.

Meine Frau und ich sind mit ihr befreundet, obgleich wir vor Jahren über eine längere Zeitstrecke freundschaftliche „Funkstille" hatten. So hatte jeder von uns in seinem stressigen Alltagseinerlei eigene Probleme, Sorgen und Nöte. Auch änderten sich die Ansichten und Einstellungen zum Thema spiritueller Entwicklung.

Erst nach ein paar Jahren fanden Helga und wir wieder zusammen.

Helga meldete sich eines Tages am Telefon, und ich konnte meine Überraschung nicht verbergen, als ich ihre Stimme erkannte.

„Ich weiß, aber es ist schon lange her, seitdem wir uns zuletzt gesehen haben - genau genommen waren es 3-4 Jahre. Aus einem inneren Impuls musste ich Euch einfach anrufen. Wie geht es Euch denn?"

„Ganz gut", meinte ich und wusste noch nicht einmal, ob ich überhaupt die verflossene Freundschaft wieder aufleben lassen sollte.

„Ähm, ich dachte mir nur mal, ich erkundige mich nach Eurem Befinden!"

„Uns geht's gut, Helga, was machst du denn noch so?", wollte ich wissen und stellte den Lautsprecher des Telefongerätes an, damit meine Frau mithören konnte. Ich bedeutete ihr mit zuckenden Schultern meine Verwunderung über den Anruf.

„Also, ich bin frühpensioniert.

Na ja, du weißt es ja noch, immer wieder das alte Leiden mit meiner Migräne...

Ich bin soweit, dass ich es geschafft habe, zu dem Stressjob endlich eine Distanz aufzubauen."

„Das ist ja eine gute Entwicklung für dich", meinte ich und als sie wissen wollte, was uns so widerfahren war in den letzten Jahren, erzählte ich ihr von meinen verschiedenen Führungsaufgaben bei unterschiedlichen Banken und auch darüber, wie sehr ich unter den schrecklichen Bedingungen gelitten habe.

„Aber es gibt etwas, das uns sehr interessiert und auch hilfreich ist.

Wir sind im Privatbereich sehr an Orgonenergie interessiert.

Wir haben unsere damaligen spirituellen Wege geändert und sind zu der Erkenntnis gelangt, dass die Orgonenergie positive Entwicklungen in der eigenen persönlichen Entwicklung freisetzt, ja sogar bei körperlichen und seelischen Erkrankungen hilfreich sein kann.

Wir haben einen Orgonstrahler bei einer Firma in Regensburg gekauft, mehrere Aufsätze und Medikamentenwaben, die wir täglich in Gebrauch haben, indem wir uns selbst direkt oder mittels Fotos radionisch bestrahlen."

„Ich werde verrückt", lachte da Helga, „ habt ihr die Sachen auch beim Richard Weigerstorfer gekauft? Das ist ja der Hammer! Auch ich arbeite schon seit langer Zeit mit den Instrumenten.

Da meldet man sich mal so nach geraumer Zeit bei euch, und schon sind wir wieder auf einer Wellenlänge."

Wir tauschten uns noch ausgiebig über die Orgonartikel aus und beendeten das Gespräch, nicht ohne uns das Versprechen zu geben, wieder Kontakt zueinander aufzunehmen.

Unter uns - er hält noch Jahre später an.

Mit dem Orgonstrahler lernten wir immer sicherer umzugehen, und die körperlichen Heilerfolge im engsten Freundeskreis nahmen zu.

Immer mehr naturheilkundliche Präparate (Transmitterröhrchen, homöopathische Globuli, Kräuter, Tabletten, Edelsteine usw.) testeten wir auf der Medikamentenwabe aus, und wir spürten die wohltuenden Wirkungen.

Aber Richard Weigerstorfer wäre nicht der Entwickler und Tüftler, wenn er nicht an einer weiteren Erfindung gearbeitet hätte, dem *Urteilchenstrahler*.

Gleiches zieht Gleiches an.

Uri

Richard Weigerstorfer hatte den Urteilchenstrahler erfunden, der in unserem Alltag den Orgonstrahler nahezu vollständig ersetzen sollte.

Nach mehreren Wochen des Studiums, einigen Telefonaten mit der Entwicklerfirma in Regensburg und mit Helga, Emails und vielen Überlegungen, ob wir unserem starken Interesse nachgeben sollten, hatten vor ein paar Jahren meine Frau und ich entschieden, einen Urteilchenstrahler zu kaufen.

Inge bestellte zuerst einen Strahler.

Der Urteilchenstrahler - wir nannten ihn „Uri" - kam in einem Paket und in einer eigenen Aufbewahrungskiste bei uns an.

Inge nahm ihn heraus und hatte sofort einen „Draht" zu diesem Gerät.

Sie öffnete die Kiste und holte Uri heraus. Sofort spürte sie ein leichtes Kribbeln in den Händen und ein leichtes Vibrieren, und eine wohlige Wärme durchströmte sie.

Sofort war die Verbindung zu ihr erkennbar.

Jedem Urteilchenstrahler ist ein eigenes geistiges Lichtwesen/Engelwesen zugeordnet, das in der Lage ist, unsere Bitten und Wünsche an höhere Stelle weiterzugeben, um so die Realisation dieser Wünsche und Bitten zu verstärken. Es wirken nur positive Bitten und Wünsche. So ist sichergestellt, dass niemand Schaden erleiden kann.

Besonders bei Krankheit und in Not geratenen Menschen und Tieren kann der Urteilchenstrahler gute Ergebnisse erzielen.

Ich selbst allerdings spürte mit ihrem „Uri" überhaupt nichts.

Er war auf die Frequenz meiner Frau fixiert.

So verschieden wie wir Menschen auf der Erde, sind es auch die Licht- und Engelwesen auf einer anderen Wirklichkeitsebene.

Also bestellte ich mir meinen eigenen Urteilchenstrahler und siehe da, auch ich hatte nun ein eigenes Lichtwesen, mit dem ich eine innige Verbindung mittels des Gerätes einging. Endlich verspürte auch ich dieses Kribbeln, die innere Liebe und die Gewissheit, dass ich hier mit einem Wesen verbunden war, mit dem ich interessante und außergewöhnliche Dinge tun konnte.

Es sollte sich schon bald zeigen, wie intensiv mein "Uri" mit mir arbeitete.

Das Engel - und Lichtwesen konnte ich zunächst lediglich spüren, aber erst im Laufe der weiteren Zusammenarbeit mit dem Urteilchenstrahler war ich nach einiger Zeit in der Lage, das wundervolle Lichtwesen zu sehen und sogar in geistig verbale Kommunikation mit ihm zu treten.

Jeder Ihrer Gedanken ist etwas Reales - eine Kraft
Prentice Mulford (1834-1891)

Veränderungen

Wir hatten gerade zu Abend gegessen, als das Telefon klingelte. Frieda war am Apparat, unsere Freundin aus Bayern.

„Ihr habt uns doch von eurem neuen Gerät erzählt, mit dem man Hilfe erhalten kann.

Könnt ihr dem Hans bitte von dieser Energie schicken? Er liegt mit Herzflimmern im Krankenhaus und kriegt kaum noch Luft. Der Doktor befürchtet Komplikationen und Hans ist nach all seinen Herzproblemen ohnehin schwer angeschlagen", erklärte uns Frieda, und die sonst so resolute alte Dame kämpfte mit den Tränen.

„Hans sollte ursprünglich entlassen werden und wird nun wahrscheinlich auf die Intensivstation verlegt!"

Frieda und ihren Mann Hans hatten wir vor vielen Jahren bei einem unserer zahlreichen Urlaube in Franken rein „zufällig" kennengelernt.

Beide sind in einem betagteren Alter, sprühen aber nur so vor Lebensenergie.

Sie sind an allen Dingen im Leben sehr interessiert, und für uns sind sie liebe, gute Freunde.

„Klar, Frieda, wir versuchen Hans zu helfen. Wir legen sofort los", beruhigte ich sie.

Frieda legte auf, und wir nahmen unsere Urteilchenstrahler zur Hand und konzentrierten uns darauf, diese geistige und helle Energie zu Hans zu schicken, indem wir das Engelwesen darum baten, ihm zu helfen.

Ich selbst spürte ein starkes Kribbeln in meinem Kopf und hatte wirklich das Gefühl, dass etwas aus dem Gerät herausströmte und in das Krankenhauszimmer flog, in dem Hans ans Bett gefesselt lag.

Das dauerte so etwa 5 Minuten.

Wir stellten die beiden „Uris" beiseite und informierten Frieda, nicht ohne sie noch einmal zu beruhigen.

Am nächsten Tag rief Frieda an und wollte uns sprechen

„Moment mal, ich gebe weiter!"

Mir fiel beinahe der Hörer aus der Hand. „Grüß Gott, hier ist Hans", meldete sich unser Freund. „Ich bin wieder zuhause.

Der Arzt stand heute früh vor einem Rätsel: das Herzflimmern ist verschwunden, und ich wurde wieder entlassen!"

Hans weinte am Telefon vor Rührung.

„Vielen, vielen Dank, euch beiden."

„Du bist nicht mehr im Krankenhaus?" fragte ich völlig verblüfft.

„Ist das Herzflimmern wirklich weg?"

„Ja - mir geht's wieder prima!" freute sich Hans.

„Ich habe gespürt, dass hier irgendeine Energie angekommen ist. Und seitdem ging es mir besser!"

„ Da hat Dir der Himmel geholfen, denke ich."

„ Ja, bestimmt, aber ohne Eure Hilfe mit dem Gerät hätte ich das nicht geschafft.

Das Gesicht von dem Arzt hättet ihr sehen müssen - göttlich.

Der war so was von verblüfft und konnte die ganze Entwicklung in so kurzer Zeit nicht nachvollziehen. Die Frieda ist so glücklich - ich bin froh, wieder zuhause zu sein. Vielen Dank Euch beiden lieben Menschen."

Wir waren bei diesen Worten recht verlegen und versuchten aber, unseren Beitrag zu bagatellisieren, da wir nicht so ganz davon überzeugt waren, dass die Urienergien für die Verbesserung des Gesundheitszustands unseres Freundes verantwortlich waren.

Aber trotzdem fanden wir keine andere Erklärung - und waren genau so irritiert wie der Krankenhausarzt.

Der Gesundheitszustand von Hans hat sich bis heute nicht verschlechtert.

Jeder für sich arbeitete nun täglich mit dem Urteilchenstrahler.

Besonders hilfreich dabei waren die hauseigenen Filme der Firma zu diesem Gerät, die die Handhabung genau erklärten.

Wir probierten viele Dinge aus, teilweise mit mehr oder weniger Erfolg.

Wir stellten dabei fest, dass auch die *innere Einstellung* besonders wichtig war, gute Ergebnisse zu erzielen.

Auch über größere Distanzen konnten wir die Wirkungen der Antennen spüren.

Hatte ich zum Beispiel an meiner etliche Kilometer entfernten Arbeitsstelle starke Kopfschmerzen, rief ich meine Frau um Hilfe an, und sie sandte mir mit beiden Uris Hilfe.

Die Gedanken und das damit verbundene liebevolle Gefühl, dem anderen helfen zu wollen, übertrugen sich auf die beiden Antennen, und deren Geistwesen handelten entsprechend.

Mittlerweile bestrahlen wir unsere Fotos ununterbrochen mit den Urteilchenstrahlern.

Alles will jetzt den Menschen von innen und außen ergründen.
Wahrheit, wo rettest du dich hin vor der wütenden Jagd?
Dich zu fangen, ziehen sie aus mit Netzen und Stangen,
aber mit Geistestritt schreitest du mitten hindurch.
Friedrich Schiller

Erste Erkenntnisse

Vor ein paar Jahren war ich Zweigstellenleiter in einer ländlichen Genossenschaftsbank. Eine Kollegin wurde auf meine Geschäftsstelle versetzt, weil angeblich niemand sonst mit ihr zusammenarbeiten konnte.

Diese Kollegin war Nadja Blum, ein wahrhaft exotisches Wesen, die normalerweise wirklich nicht in das Bild einer Bank passte.

Nadja Blum trug nämlich ihre total esoterische Weltanschauung nach außen und damit konnte natürlich kaum jemand unvoreingenommen umgehen, zumindest die damaligen Filialleiter der anderen Geschäftsstellen nicht.

Die junge Dame fuhr mehrere Male im Jahr in ein Ashram nach Indien, sie tat viel Gutes in ihrem Umfeld und eines war bemerkenswert: Sie war Reiki-Meisterin.

Als Nadja auffiel, dass auch ich auf einer Sinnsuche im Leben war, tauschten wir uns über die unterschiedlichsten Dinge aus.

So erzählte mir die damalige Kollegin, sie sei am Wochenende bei einer Heilpraktikerin gewesen, die mit ihr eine Rückführung in ein früheres Leben gemacht hätte.

Ich wollte mehr von dieser Reise in die Vergangenheit wissen, zumal ich auch schon einmal so etwas gemacht hatte. Höchst Interessantes erwartete mich.

Nadja begann zu erzählen:

„Ich fand mich ca. 40.000 Jahre zurück in Irland. Irgendwie müssen damals Bräuche wie bei den Kelten geherrscht haben.

Ich lebte mit meinem Mann und 3 Kindern in einem kleinen Haus, einem Cottage nicht unähnlich. Dort hatte ich ein schreckliches Erlebnis.

Und dabei spielst du eine entscheidende Rolle!"

„Ich?" fragte ich Nadja und wollte mehr wissen.

„Ja, Du und Nabada!", antwortete sie.

Nabada war Halb-Thailänderin und arbeitete ebenfalls auf meiner Bankfiliale.

„Das musst du mir unbedingt erklären", forderte ich Nadja auf.

„Du warst damals mein Mann und Nabada war eines unserer Kinder. Damals ist ein schrecklicher Unfall passiert, und du hattest ihn verursacht mit schrecklichen Folgen für unsere Tochter!"

Plötzlich war ich in ihrem Film und sah, was sich damals zugetragen hatte.

Ich bat Nadja, nicht mehr weiterzuerzählen.

Sie schaute mich völlig erstaunt an und fragte was los sei.

„Ich sehe klar vor Augen, was sich damals zugetragen hat. Ich erzähle einfach mal weiter, und du sagst mir, ob alles stimmt."

Nadja war ja schon von mir so allerhand gewöhnt, und sie forderte mich auf, ihre eigene Rückführungsgeschichte weiterzuerzählen.

„Ja, es stimmt, wir waren damals verheiratet", begann ich vorsichtig, die aufsteigenden Bilder in Worte zu formen, „und wir hatten damals wirklich 3 Kinder, zwei Töchter und einen Sohn. Ich war damals so eine Art Schreiner, und wir bewohnten ein kleines Steinhaus direkt an einem reißenden Fluss."

Während ich das sagte, zeichnete ich auf einem Blatt eine Skizze, auf der das Haus, der Fluss und ein Weg, der parallel zum Fluss verlief, erkennbar waren.

Nadja staunte nicht schlecht und bestätigte, dass sie genau das Gleiche in ihrer Rückführung gesehen habe.

„Ja, und du warst stinksauer auf mich und hast nur rumgeschimpft, ich sei an allem schuld und hätte unsere Tochter auf dem Gewissen. Aber dabei konnte ich ja gar nichts ändern, es war alles nur ein schrecklicher Unfall."

Irgendwie war ich in diese Szene verstrickt, denn ich spürte auch die Gefühle, die mich vor nahezu 40000 Jahren verfolgt hatten.

Seltsam das Ganze.

Nadja forderte mich auf, weiterzuerzählen.

„Es war so, dass ich den Pferdewagen (es handelte sich um eine Art großen Leiterwagen, der einen Aufbau aus grob geschälten Baumstämmen besaß) mit Material und Werkzeug beladen hatte.

Meine damalige Frau kam aus dem Haus, und ihre langen goldblonden, kräftig gelockten Haare wehten im Wind. Sie hatte die 3 Kinder bei sich und rief mich zu sich. Ich war gerade damit fertig geworden, unseren braunen Hengst vor den Wagen zu spannen. „Nimm die Kinder mit, ich habe heute noch viel zu tun, und da kann ich die 3 nicht gebrauchen", meinte sie.

Also lud ich unsere Kinder auf den Wagen, nahm das Pferd an die Zügel und marschierte vorneweg los.

Es begann stark zu regnen und der steinige und matschige Weg, der zudem abschüssig zum Fluss hin war, machte den Weg ins Tal ziemlich gefährlich.

Die 3 Kinder saßen oben auf dem Leiterwagen und hatten sich ein Tierfell übergezogen, um sich vor den starken Wind- und Regenböen zu schützen."

Meine Bankkollegin Nabada hatte schon seit Minuten fasziniert den Ausführungen gelauscht und kam ebenfalls zu uns. Auch sie schien irgendwie von der Geschichte angezogen zu werden.

Ich fuhr fort.

„Durch eine sehr starke Windböe kippte der Wagen um, die Zügel rissen, unser Pferd bäumte sich auf und galoppierte vor Angst davon. Der Leiterwagen samt Kindern und Inhalt rutschte, sich überschlagend in den Fluss.

Zwei Kinder waren schon älter und konnten sich retten. Aber die Jüngste der drei Kinder versank in den reißenden Wasserfluten.

Ohne zu zögern sprang ich in den Fluss, um meine Tochter zu retten.

Da das Drama sich unweit unseres Hauses abgespielt hatte, hörte meine Frau die Schreie und kam zum Ort des Geschehens gelaufen. Dabei fiel sie immer wieder auf dem steinigen Weg hin.

Ich selbst tauchte nach meiner Tochter und konnte sie fassen.

Total erschöpft gelang es mir, sie ans Ufer zu bringen. Ich schob sie über die Uferböschung und stemmte mich selbst hinauf.

Ich war damals ein kräftiger Mann um die 30 Jahre mit langen braunen Haaren.

Das war unser Glück. Mittlerweile war meine Frau am Ort des Geschehens angekommen und beugte sich über unsere Tochter, die leblos dalag.

Ich drängte meine Frau beiseite, die die beiden anderen weinenden Kinder in den Arm nahm, und ich begann mit Wiederbelebungsversuchen.

Nach unendlich langer Zeit gelang es dann endlich, die Tochter ins Bewusstsein zurückzuholen.

Sie schlug die Augen auf und spuckte viel Wasser mit einem erstickungsähnlichen Husten aus dem Mund. Auch Blut war dabei.

Sie kam wieder zu sich, das war eine Freude. Aber was wir erst später erfuhren, war, dass unsere Tochter seit diesem schlimmen Zwischenfall für immer sprachgestört und geistig zurückgeblieben ist.

Meine Frau hatte mir nicht mehr verzeihen können.

Eine seltsame Stille hatte sich auf die Gemüter in der Bankfiliale gelegt, es war schon weit nach Dienstschluss, und ich fragte Nadja: „Hast du das auch in deiner Rückführung gesehen?"

Zu spät sah ich, dass ihr Tränen die Wangen herunter liefen, das war Bestätigung genug. Auch Nabada war sehr still und schluckte geräuschvoll.

Das für mich einschneidende Erlebnis, mich in Gedanken und Gefühle sowie in vergangene Dinge von Menschen einzuklinken, schien mir seit diesem Abend möglich. Das musste ich auch erst mal verdauen.

In meiner Zweigstelle arbeitete ein Teil meiner Familie von vor 40000 Jahren!

Es gibt einfach keine Zufälle im Leben.

Nadja, die sich wieder beruhigt hatte, erzählte ich am nächsten Tag von dem Urteilchenstrahler, und ihr war sofort klar, dass ich eine Art Symbiose mit dem Wesen aus dem Strahler eingegangen sein müsse. Deshalb wäre ich in der Lage, auch ohne den Urteilchenstrahler Dinge wahrzunehmen, die für andere nicht nachvollziehbar waren.

Die Monate vergingen und nichts geschah!

Bis auf die Zeit, in der meine Bankfiliale geschlossen wurde, angeblich aus Unwirtschaftlichkeit. Nadja wurde entlassen, Nabada und ich durften auf anderen Geschäftsstellen arbeiten. Ich allerdings verließ die Bank und wechselte zu einem anderen Kreditinstitut, hielt aber nach wie vor Kontakt zu meinen ehemaligen „Familien"-Mitarbeiterinnen.

Nadja lernte einen netten Mann kennen und wurde bald Mutter.

Ihr Töchterchen Lisa war ihr ein und alles, und Nadja genoss ihr trautes Familienglück.

Daher wurden auch unsere Anrufe immer seltener.

Mittlerweile hatten meine Frau und ich in Regensburg bei der Herstellerfirma des Urteilchenstrahlers ein Seminar besucht, in dem wir in die Weihen der Nutzungsmöglichkeiten des Urteilchenstrahlers eingewiesen wurden. Wir vertieften unsere Kenntnisse immer mehr, und ich hatte selbst einige Erfahrungen sammeln dürfen, die ans Fantastische heranreichen. Ich spürte vor allen Dingen immer stärker die Anwesenheit meines Urteilchengeistwesens, das ich *Uri* nannte. Er ist männlich und kann alle Wesenheiten heranholen, die für den jeweiligen Wunsch und die Bitte sinnvoll und nötig sind.

Manchmal arbeitete ich selbst an meiner eigenen Gesundheit, und ich sah (im wahrsten Sinne des Wortes) auch andere Wesenheiten, die teilweise an mir arbeiteten.

So hatte ich zum Beispiel ein feinstoffliches Implantat in meinem Kopf, ein gewächsartiges Objekt, das bis in meine Lungen hineinreichte.

Dieses Gewächs wurde mir von den Geistwesen operativ entfernt.

Ich selbst hatte aber nur etwa 5 Minuten mitbekommen.

Nach zwei Stunden fand ich mich schlafend auf dem Fußboden wieder - ich war vom Stuhl gefallen. Mühsam schleppte ich mich auf mein Bett und versank wieder in einen tiefen, traumlosen Schlaf. Ich wachte erst am nächsten Morgen total erfrischt wieder auf. Solche Erlebnisse waren häufig, allerdings waren dies ausnahmslos Eigenversuche.

Ich saß an einem Abend vor dem Fernsehapparat und schaute mir einen Krimi an.

Das Telefon klingelte, und meine Frau Inge ging an den Apparat.

Nadja war dran.

Sie schien aufgeregt zu sein, denn Inge gab mir den Hörer mit dem Hinweis, es sei dringend.

Nadja war froh, mich zu erreichen. „Hör mal, Uwe, meine Tochter Lisa ist krank.

Sie hat hohes Fieber, mein Mann ist noch im Büro in Köln, und ich kriege keinen Arzt." Man muß dazu wissen, dass Nadja weit draußen auf dem Lande wohnt.

„Beruhige dich erstmal", meinte ich, „was hat die Kleine denn?"

„Sie hat hohes Fieber - stammt von einer Erkältung! Kannst Du mir mit dem Urteilchenstrahler helfen?"

„Ich weiß nicht, ob das geht. Bisher habe ich so etwas außer bei einem Freund aus Franken noch nicht ausprobiert. Aber ich versuche es mal!

Warte ab, ich rufe dich zurück!"

Ich legte den Hörer auf, ging in unser Esszimmer und stellte den Urteilchenstrahler auf den Tisch. „Schaden kann es ja nichts, wenn ich eine Kerze und ein Weihrauchstäbchen anzünde", dachte ich. Außerdem stöpselte ich die Handelektroden vorne und hinten in den Urteilchenstrahler.

Ich dunkelte bis auf den Kerzenschein den Raum ab, ließ eine ruhige CD mit tibetanischen Gongs laufen und setzte mich ruhig in einen Stuhl, rechts und links die Elektroden in meinen Händen.

Ich wurde immer ruhiger und nach ein paar Minuten fand ich mich im Wohnzimmer von Nadja wieder.

Sie saß im Schneidersitz auf der Couch, eine Kerze brannte auf ihrem Wohnzimmertisch. Neben Ihr auf dem Boden stand ein Tragegestell mit der kleinen Lisa.

Ich sah ihren heißen Kopf. Außerdem nahm ich wahr, dass die Kleine am ganzen Körper kleine Bläschen hatte, und eine Pilzerkrankung im Unterleib.

Ich erhielt diese Informationen einfach, ich wusste, dass sie stimmten, und ich fragte meinen Uri auf der Geistesebene, was ich tun sollte. Er forderte mich auf, weißes Licht über den gesamten Körper des Mädchens zu streichen. Ich tat es, indem ich auch weißes Licht in die Hand bekam mit einer Konsistenz wie Salbe.

Nachdem ich Lisa eingerieben hatte, sollte ich aus einer goldenen Kanne, die man mir auf der „anderen" Seite in die Hand gab, weißes kaltes Licht in das Kronenchakra (Schädelmitte) des Mädchens einschütten.

Ich setzte das alles um und sah, wie das weiße Licht durch ihren Kopf und den gesamten Körper floss.

Als das Licht wieder aus den Füßen herauskam, nahm Uri das mittlerweile ergraute Licht in Empfang und warf die kugelartigen Gebilde in ein Feuer, das sich gerade gebildet hatte.

Ich „reiste" wieder zurück in meine Wohnung und brauchte einige Sekunden, um wieder zu mir zu kommen.

Ich bedankte mich bei meinem Uri und informierte die ehemalige Kollegin telefonisch.

Nadja bestätigte mir voll und ganz, dass sie auf der Couch im Schneidersitz gesessen hätte, eine Kerze auf dem Tisch und rechts neben ihr auf dem Boden das Tragegestell stehen würde.

Sofort holte sie das Fieberthermometer und nahm die Temperatur ihrer Tochter.

3 Grad weniger waren es. Auch bestätigte mir Nadja die Pilzerkrankung und die Hautbläschen am Körper des Mädchens.

Nadja war überglücklich und meinte: „Du kannst Geistreisen machen! Du hast heilerische Fähigkeiten! Ich bin total begeistert, Uwe!

Ich danke dir von ganzem Herzen. Wenn ich noch mal was habe, melde ich mich bei Dir." Das sollte nicht lange auf sich warten lassen.

Auch ich war glücklich über das Geschehene. Ich empfand das wie ein wundervolles Geschenk des Himmels.

Es ist nicht möglich, nach draußen zu laufen, um besser sehen zu können.
Verharre lieber im Zentrum deines Seins...
Erforsche dein Herz...
Und sieh....
Lao-Tse

Gnome

Viele Menschen kennen Schriftsteller, die das Genre der Horrorliteratur aufs Feinste beherrschen. Woher haben diese Schriftsteller die Ideen und die Bilder von monströsen und dämonischen Figuren in ihren Romanen? Oder woher hat der spätmittelalterliche Maler Hieronymus Bosch seine ausdruckstarken Wesen in seinen fantastischen und aufrührenden Gemälden?

Sind es allein Phantasien?

Ich bin fest davon überzeugt, dass all diese Menschen in andere Welten geschaut haben, sie können Dinge wahrnehmen, die nicht über die 5 Sinne allein auszumachen sind. Es gibt da Antennen, die diese Menschen genutzt haben, um diese Wesenheiten zu sehen.

Aber es gibt nicht allein Monster und Dämonen, sondern es gibt gerade auch die andere Seite, helle Lichtwesen, Engel, geistige Heilwesen und nicht zuletzt Christus.

Das alles sehe ich bis zum heutigen Tag, und glauben Sie mir, es ist nicht immer einfach, damit umzugehen.

Nadja Blum meldete sich wieder bei mir.

„Bin ich froh, dich zu erreichen", sagte sie am Telefon, „dieses Mal ist mein Mann schlecht dran. Jean kriegt kaum Luft . Er ist eben nach Hause gekommen.

Kannst du mal schauen, ob du ihm helfen kannst?"

„Klar, legen wir auf! Ich will mal sehen, was da los ist, vielleicht kann ich ihm helfen. Ich rufe dich wieder zurück."

Ich versank mit den beiden Handelektroden des Urteilchenstrahlers in der Hand in die geistige Welt und fand mich in Nadjas Wohnung wieder.

Sie arbeitete gerade in der Küche, während Lisa über den Boden krabbelte.

Wo war Ihr Mann? Ich hatte ihn noch nie zuvor gesehen. Er war mir nur aus Erzählungen bekannt.

Ich wurde in das erste Stockwerk gezogen. Über einen kleinen Flur gelang ich durch die verschlossene Türe in das Schlafzimmer.

Dort lag Jean mit einer Boxershorts bekleidet auf dem Bett und hatte die Augen geschlossen. Er atmete sehr schwer.

Seitlich neben dem Bett stand ein dünnes Lichtwesen und gab sich als Jeans Schutzengel aus.

Auf Jeans Brust saß ein runzliger Gnom und drückte ihm den Atem ab.

Das Wesen hatte große, glotzige Augen und rote Haare. Die gichtartigen Hände, man würde sie eher als Klauen bezeichnen, stemmten sich auf Jeans Brust ab.

Links neben dem Bett entstand ein heller Lichttunnel.

Uri teilte mir mit, dass der Gnom in das Licht müsse.

Ich sprach das Wesen an und bat es, von Jean abzulassen.

Es schien sich irgendwie von der Atemnot des jungen Mannes zu ernähren.

„Nein, nein", krächzte er. „ Ich bleibe, wo ich bin." Dabei drückte er noch stärker zu.

Ich sprach dem Wesen immer wieder gut zu.

„Du gehörst da nicht hin. Gehe in das Licht und habe keine Angst. Gott ist für alle Wesen da, auch für dich. Habe keine Angst und lass ab von deinem Wirt.

Dir wird dort nichts geschehen."

Woher ich diese Worte hatte, vermag ich nicht zu sagen.

Es schien so, als würde man durch mich sprechen. Dabei schickte ich ihm aus meiner Herzregion helles, leuchtendes Licht.

Nach einigen Minuten guten Zuredens merkte ich, wie die Kräfte des Gnoms immer mehr nachließen. Seine Angst war groß, das konnte ich spüren.

Aber die Lichtenergie aus meinem Herzen und aus dem Lichttunnel wurde immer stärker.

Zuletzt ließ der grausig anzuschauende Gnom von Jean ab und flog in den Lichtsog des Tunnels.

Er bedankte sich beim Hinauffliegen bei mir und war verschwunden.

Der Lichttunnel verschwand, und ich war mit Jean und seinem Schutzengel allein im Zimmer.

„Du musst besser auf ihn aufpassen", maßregelte ich den Schutzengel.

Wie überheblich von mir!

Aber ich wusste es damals nicht besser.

Das Lichtwesen nickte nur bedächtig und begann, stärker zu strahlen.

Ich sah, wie Jean die Augen aufschlug und sich die Brust rieb.

Er stand auf und zog sich an.

Für mich war hier scheinbar alles getan.

Uri brachte mich wieder in unsere Wirklichkeit zurück.

Völlig benommen rief ich Nadja an und wollte wissen, ob ihr Mann wieder fit sei.

„Er kommt gerade die Treppe herunter und flötet! Dem scheint's wieder gut zu gehen.

Erzähl mal, was du mit ihm angestellt hast!"

Nadja erfuhr die ganze Geschichte und sie fragte während unseres Telefonates, wie sich Jean fühle.

„Prima", hörte ich im Hintergrund seine Stimme. „Die Herzbeklemmungen sind weg und ich kriege wieder gut Luft."

Nadja bedankte sich und lachte vor Freude.

Ich sollte schon bald wieder Bekanntschaft mit einem Gnom machen.

Sein Name war Calisto.....

Lena war eine Kommilitonin meiner Frau. Beide lernen Heilpraktiker.

Ich lernte Lena auf einem Seminar über die Rückentherapie nach Dorn und Breuß kennen. Für Lena gab es nur einen Ausdruck - „SCHWARZ".

Sie trug schwarze Kleidung, hatte schwarze Haare und war um die Augen schwarz geschminkt.

Dadurch kamen ihre großen blauen Augen noch intensiver zur Geltung. Sie durchbohrte einen mit ihrem Blick und man hatte irgendwie das Gefühl, Lena könnte in die Seele hineinschauen.

Sie erzählte mir irgendetwas von einer Hohenpriesterin und von den Sonnenwendtagen, an denen sie besondere Dinge erlebe.

Im Verlauf des Vormittags lernten wir uns näher kennen. Sie meinte, sie spüre eine starke Energie, die von mir ausgehe. Ich erzählte Lena, dass ich zuhause mein Foto mit einer Art Antenne radionisch bestrahlen würde.

Das machte Lena neugierig. Sie wollte mehr erfahren, und ich schilderte ihr einige meiner Urteilchenreisen. Lenas Augen wurden noch größer.

Sie erzählte mir von Ihrer Familie. Der Ehemann hatte sie etliche Male schändlich misshandelt und war als schizophren in eine geschlossene Klinik eingewiesen worden.

Lena hatte 4 Kinder unterschiedlichen Alters.

Sie hatte zwar einen neuen Freund, der ebenfalls einen kleinen Sohn hatte, lebte aber allein mit ihren Sprösslingen in einem angemieteten Haus in der Eifel.

Lena berichtete mir von ihrem jüngsten Sohn Tim, der bald eingeschult werden sollte.

Die Schulpsychologen sprachen schon davon, ihn in eine Sonderschule zu schicken, da er Sprachstörungen hatte und zudem seine Motorik Probleme aufwies.

Sie bat mich darum, Tim zu besuchen und nachzuschauen, ob ich ihm helfen könnte.

Die anderen Teilnehmer des Rückenschulungskurses bekamen das alles natürlich mit, auch Enna, die Lehrerin.

Einige Tage nach dem Seminar hatte ich genügend Zeit und verspürte auch den inneren Impuls, den kleinen Tim auf der „anderen" Seite zu besuchen.

Ich reiste wieder mit Hilfe des Urteilchenstrahlers.

Das Haus stand allein in einem waldnahen Garten und schien etwas unangenehm Dunkles auszusenden. Mit viel Licht gelang ich in das Haus.

Im Wohnraum stand Lena, die mich mit ihren riesigen Augen anstarrte.

Es zog mich aber weiter die Treppe hinauf zu einem kleinen Raum, in dem Tim auf dem Boden saß und spielte. Er schaute mich freundlich an und stand auf.

Um seinen Hals hatte ein schrecklich aussehender Gnom seine Krallen gelegt und drückte die Finger in die Kehle des Jungen. Er hing an der linken Seite des Kindes und hielt sich mit der anderen Seite an dessen Schulter fest.

Ich bekam eine Information, wonach der Junge seine Probleme durch dieses Wesen erdulden musste.

Ein Lichttunnel baute sich links neben den beiden auf.

Uri, mein Lichtbegleiter aus dem Urteilchenstrahler warnte mich und stellte sich schützend vor mich.

Calisto machte keinerlei Anstalten, den Jungen auf unser Bitten hin zu verlassen.

Stattdessen wies er darauf hin, dass er bereits im Zeugungsakt des Jungen durch den schizophrenen Vater angedockt hätte.

„Du brauchst keine Angst zu haben, gehe ins Licht. Es wird dir nichts passieren. Gehe dahin, wohin du gehen musst."

Ich schob Uri beiseite und ging auf die beiden mutig zu.

Calisto: „Ich lasse ihn nicht los. Verschwinde wieder!"

„Doch, du wirst ihn augenblicklich loslassen. Dein Aufenthalt ist beendet. Gehe in das Licht, habe keine Angst, es wird für dich gesorgt. Ich bin hier, um dich auch zu befreien."

Ich sah, wie wieder ein Sog vom Lichttunnel ausging, der Calisto veranlasste, den Jungen loszulassen. Ich stellte mich sofort zwischen Tim und Calisto und begleitete das unheimliche Wesen zum Lichttunnel, in der Gewissheit, dass Uri neben mir war und auch eingreifen konnte, falls es für mich zu gefährlich werden könnte.

Calisto stieg in den Tunnel und rief: „ Ich danke Dir für alles!"

Ich wandte mich zum kleinen Tim um, der alles mit angesehen hatte.

„Tim, ich komme, um dir zu helfen. Darf ich das?"

Der Kleine stimmte zu, und ich hielt plötzlich in meiner rechten Hand eine goldene Karaffe mit einer leuchtenden Flüssigkeit.

Ich schüttete das weiße Licht in das Kronenchakra des Jungen und sah, wie es im Gehirn des Kleinen wie tausende kleiner Wunderkerzen brannte.

Es floss weiter in das Kehlchakra und durch alle Zellen und Organe des kleinen Körpers.

Aus den Füßen kamen zwei graue gummiartige Kugeln heraus, die alle Giftstoffe des Jungen enthielten.

Uri sprang vor und nahm diese Kugelgebilde entgegen, die er sofort in ein plötzlich entstandenes Feuer warf. Sie verglühten sofort.

Eine weitere Lichtsubstanz wurde mir mit einem Krug gereicht, die ich ebenfalls in das Kronenchakra schüttete. Das Licht war honigfarben und zog ebenfalls alles Negative aus allen Zellen des Kindes heraus. Alles blieb daran kleben, was für den Jungen nicht gut war.

Auch hier entstanden wieder Kugelgebilde, die aus den Fußsohlen des Kindes herauskamen.

Uri nahm auch diese entgegen und verbrannte sie.

Ein drittes Mal erhielt ich einen Krug und schüttete nun strahlendweißes Licht in den Jungen. Das Licht ging an die Stellen, die besonderer Heilung bedurften: die Kehle und die linke Schulter.

Dieses Licht blieb in dem Kind und strahlte aus allen Poren.

Ich legte Tim auf den Boden und nahm seine Füße in die Hände.

Aus meinen Händen strömten helle Lichtblitze in die Beine des Jungen, liefen in die Herzregion und blieben dort eine Weile. Sie bildeten um das Herz herum kleine Wirbel, die dann weiter in das Gehirn flossen. Auch hier wirbelte das Licht intensiv spiralförmig und kam dann wieder durch den ganzen Körper aus den Füßen heraus.

Ich wurde in das Gehirn des Jungen gezogen.

Dort wurde erreicht, dass die Nervenverbindungen in den Gehirnregionen für das Sprachzentrum und den Bewegungsapparat neu vernetzt wurden.

Ich gab Tim die Affirmation „Du kannst einwandfrei sprechen und dich einwandfrei bewegen."

Er signalisierte mir, dass er das verstanden hatte.

Als ich wieder aus dem Gehirn des Kleinen herauskam, stellte Tim sich vor mich hin und umarmte mich mit Tränen der Dankbarkeit.

Mit meinem Urteilchenwesen kam ich wieder in unserer Wohnung an.

Ich rieb mir die Augen und versuchte, das eben Gesehene zu erfassen.

Einige Tage später rief ich Lena an.

„Du brauchst nichts zu sagen", unterbrach sie mich.

„Am Sonntag warst du bei uns. Ich habe deine Energie ganz intensiv wahrgenommen. Ich wurde fast ohnmächtig von der Kraft.

Du warst so gegen 10.00 Uhr bei uns, stimmt´s?"

Jetzt war ich verblüfft. Lena hatte offensichtlich mein Energiefeld deutlich bemerkt, denn Tag und Uhrzeit stimmten.

„Ja, genau in der Zeit habe ich mit deinem Sohn Tim gearbeitet."

Dabei schilderte ich Lena den gesamten Ablauf meines „Besuchs".

Lena war fassungslos.

„Du wirst es nicht glauben, aber Tim geht es wesentlich besser. Er spricht nahezu normal und seine motorischen Störungen haben sich deutlich verbessert.

Ich war schon beim schulpsychologischen Dienst, und so wie es aussieht, wird Tim ganz normal eingeschult.

Seitdem du Tim von dem fremden Wesen befreit hast, hat der Junge einen Quantensprung gemacht. Ich bin Dir so dankbar für alles.

Ich habe hier allein gesessen und vor Glück geheult. Tim ist mir so ans Herz gewachsen, dass ich selbst enorm unter seinen Störungen gelitten habe.

Aber du hast es geschafft. Vielen, vielen Dank!"

„Nein, nicht ich allein, sondern gemeinsam mit meinem Urteilchenstrahler ist das gelungen", entgegnete ich.

Weisheit und Geist des Universums!
Du Ewigkeit des Gedankens!
Du, der du Formen und Bildern Atem einhauchst
und ewige Bewegung!
William Wordsworth (1770 - 1850)

Geister

Lena klang verzweifelt. Einige Wochen seit meiner letzten Geistreise weinte Lena ins Telefon.

„Hier stimmt was nicht. Dauernd poltern Schritte im Haus, ich sehe schemenhafte Figuren, die auch den Kindern Angst machen. Wir kommen sogar nachts nicht zur Ruhe. Kannst du mal nachsehen, was da los ist?"

„Beruhige dich doch, Lena! Da ist bestimmt nichts Schlimmes!"

„Doch,doch - mein Exmann steckt dahinter! Der sitzt ja in der Psychiatrie in der Landesklinik. Man hat ihm wohl einen Ausgang gestattet.

Er hat mir von seiner letzten Reise nach unserer Scheidung Fotos von afrikanischen Figuren geschickt. Seitdem stehen wir Ängste aus. Außerdem sehe ich immer im Haus ein Mädchen und zwei schemenhafte Männer."

Seltsamerweise sah ich bei der Erwähnung der Fotos zwei seltsame Figuren aus Ebenholz.

Ich beschrieb Lena die Figuren, ohne die Fotos gesehen zu haben.

Dabei beschlich mich ein beengendes Gefühl in der Herzregion. Lena bestätigte mir das Aussehen der afrikanischen Figuren an der anderen Leitung und stimmte mir zu, als ich ihr dringend anriet, diese Fotos weit weg vom Haus zu bringen oder sogar zu verbrennen.

Diese Figuren schienen beseelt zu sein, allerdings nicht mit guten Wesenheiten.

Ich versprach Lena, die anderen Wesen im Haus zu überprüfen und legte auf.

Mit Hilfe meines Uris reiste ich auf der anderen Seite schnell in ihr Haus.

Ich sah Lena auf der Couch sitzend einen Kaffee trinken. Sie schien mich zu erkennen. Sofort bat ich Uri um Hilfe und sah plötzlich in Lenas Haus ein etwa 12 Jahre altes Mädchen mit einer Kleidung, die wohl so um 1830 üblich war. Die Farbe des Geistwesens war wohl etwas blass.

„Wie heißt du?" fragte ich das Wesen.

„Petita!"

„Wo kommst du her, Petita?"

„Aus Genua stamme ich. Mein Vater war Fischer dort am Hafen."

„Wie alt bist du, Petita?"

„12 Jahre."

„Warum bist du hier?"

„Ich muss Lena beschützen."

„Warum musst du Lena beschützen?"

„Ich bin schon lange bei ihr."

„Was bedeutet das?"

„Seit Lena 12 Jahre alt ist, begleite ich Sie!"

„Aha, und warum?"

„Weil sie auch vergewaltigt worden ist!"

„Was? Lena ist vergewaltigt worden?"

„Ja – genau wie ich."

„Du bist auch vergewaltigt worden?"

„Mein Vater hat mich im Hafen von Genua misshandelt, als er mit einem Fischkutter gelandet war."

„Das ist ja schlimm, Petita."

„Vor kurzer Zeit ist Lena auch von ihrem Mann vergewaltigt worden! Er ist aber jetzt nicht mehr da. Ich habe gehört, dass er in einem Krankenhaus ist. Aber ich konnte Lena nicht helfen. Sie braucht mich trotzdem."

„Okay, Petita, ich werde Lena von dir erzählen, wenn du einverstanden bist."

„Ja. Erzähl ihr ruhig von mir. Sie hat mich aber auch schon bemerkt. Lena und die Kinder sehen mich manchmal im Haus und haben dann furchtbare Angst. Ich tue aber nichts Böses."

„Sag mal, Petita, sind noch andere Geister im Haus?"

„Ja, Bernard und Henri aus Frankreich sind noch hier. Bernard ist der Große. Er ist gerade bei dem kleinen Tim im Zimmer.

Henri ist Schmied und kommt meistens erst am Abend ins Haus."

„Was tun die beiden denn hier?"

„Sie sind zum Schutz der Kinder und zum Schutz von Lena geschickt worden. Sie sollten einmal Engel werden, aber das wollten sie nicht. Trotzdem sind die sehr nett.

Aber Bernard erschreckt immer alle mit seinem Lärm!"

„Wie, Lärm?" fragte ich die kleine Petita.

„Ja, er hat so große Stiefel an und trampelt immer die Treppe rauf und runter.

Manchmal will er sich so bemerkbar machen."

Währenddessen hatte sich der Geist „Bernard" uns beiden genähert. Er war mindestens zwei Meter groß und trug einen schwarzen, abgewetzten Ledermantel und schwere Stiefel mit Eisenbeschlägen.

Das verursachte offensichtlich den Lärm in Lenas Haus.

Ich sprach ihn an: „Wer bist du?"

„Bernard!"

„Aha, und was machst du hier im Haus?"

„Ich will Lena und die Kinder schützen."

„Und wo kommst du her?"

„Aus Frankreich, genau wie der Schmied Henri."

„Und will Henri auch Lena beschützen?"

„Ja, aber er ist fast nie da, immer wieder ist er in seiner früheren Schmiede und arbeitet sich kaputt. Immer abends sitzt er am Küchentisch, setzt sein Barret ab und wäscht sich den Schweiß von der Stirn. Wir sind aus demselben Ort."

„Bernard, die Kinder und Lena haben Angst vor deinen Schritten im Haus."

„Ja, ich weiß. Aber ich kann nichts dafür. Manchmal mache ich das auch extra, damit sie mich bemerken."

„Das erzähle ich Lena, einverstanden?"

„D ´accord."

Bernard drehte sich um und stapfte in Richtung Küche. Dort vernahm ich ebenfalls ein Geräusch von Stühlerücken. Ich folgte Bernard und sah am Tisch einen kleinen untersetzten Mann. Das musste Henri, der Schmied sein. Er lüftete seine Kappe und rieb sich genüsslich über den Glatzkopf. Henri hatte einen gezwirbelten Schnauzbart, an dem er die ganze Zeit herumspielte.

„Bonsoir, Henri“, begann ich das Gespräch.

Aber der kleine dicke Mann war nicht sehr redselig.

„Ich möchte meine Ruhe, n´est-ce pas!“

„Ach, ich dachte, du wärst hier zum Schutz von Lena und den Kindern?“

„Oui,oui, mon ami, aber ich habe keine Lust dazu. Bernard und die kleine Petita machen das schon. Ich ruhe mich hier nur aus - abends, wenn ich aus meiner Schmiede komme.“

„Du bist ja ein feiner Schutzgeist“, meinte ich nur.

Henri betrachtete das Gespräch mit einer abwinkenden Handbewegung für beendet.

Ich bewegte mich mit meinem Urteilchenengel zu Lena und betrachtete sie.

Dabei fiel mir auf, dass Lena aus zwei Wesen bestand.

Aus ihrem Körper entstieg eine ältere Frau, die ein ägyptisches Ankh-Zeichen aus Knochen an einem Lederband um ihren Hals trug. Ihre Kleidung stammte offensichtlich aus einer früheren Zeit. Der Körper der grauhaarigen Frau mit dem faltigen Gesicht wurde von einem Lederkleid und einer Art grobmaschigem Pullover bedeckt.

Sie bemerkte lächelnd mein erschrockenes Gesicht: „Ich bin Lena aus einer anderen Zeitepoche. Ich war in meinem Leben eine heilkundige Frau mit großem Wissen um Heilkräuter und

Essenzen. Ich bin die Keltin. Immer zu Zeiten der jährlichen Sonnenwenden besuche ich die Lena aus der jetzigen Zeit. Sie lernt von mir alles über mein Jahrtausende altes Wissen."

Offenbar war hier ein- und dieselbe Person aus verschiedenen Zeiten an einem Punkt zusammengekommen.

Ich wusste aus den Schilderungen von Lena, dass sie ihre spätere Heilpraxis mit Heilkräutern, Tees und Essenzen bestreiten wollte.

Ich verabschiedete mich von der Keltin und sah noch, wie sie sich wieder in den Körper von Lena einklinkte.

In meinem Zimmer kam ich völlig benommen zu mir.

Mein Geistführer aus dem Urteilchenstrahler hatte mich kaum wieder zurückgebracht, als sich Lena am Telefon meldete: „Hör mal, du warst gerade wieder bei uns. Was war los?"

Ich schilderte ihr die Vorkommnisse und beschrieb ihr auch die Geister in ihrem Haus. Selbstverständlich erwähnte ich auch die Keltin.

Lena war völlig überrascht, aber sie gestand mir, dass sie genau die drei Geister im Haus auch schon gesehen habe. Außerdem bestätigte sie mir, dass sie eine Affinität zu Italien habe, zumal sie seit Jahren immer wieder in die Nähe von Genua reisen würde. Warum sie das tue, wisse sie nicht.

Auch die Keltin habe sie mehrfach in ihrer Nähe gesehen und gespürt – und sie fühle eine innere Verbindung zu dieser Frau.

„Und ich trage selbst als Amulett ein Ankh Zeichen aus Silber!“

Wenn das kein Zufall war!!!

Jedenfalls konnte Lena seitdem besser mit den Geräuschen im Haus umgehen.

Selten und kostbar ist es, die Erwachten zu sehen.
Von diesen besonderen Menschen, die man wenig in der Welt erblickt, bin ich einer, bedeutend als Arzt....
Aus dem „Korb der Lehrreden" des Buddha

Intensivstation

Wieder einmal war es Helga, die mich auf eine wichtige Entdeckung aufmerksam machte:" Es gibt ein Geschäft in der Stadt, die verkaufen wundervolle Ringe des Lebens von einem gewissen Slim Spurling, einem amerikanischen Forscher. Ich habe mir bereits einige Ringe gekauft. Die Schwingungen sind fantastisch. Du bist ja sehr sensibel für Schwingungen. Da musst du hin. Die Ringe sind nach einem altägyptischen Maß erstellt und haben was mit den Templern zu tun. Fahr mal dahin und dann kannst du dich von Angelina beraten lassen. Sie ist sehr gut informiert."

„Na, ich weiß nicht, Helga. Ich arbeite ja mit meinem Urteilchenstrahler und brauche keine weiteren Antennen und Energieströme. Aber ich kann ja trotzdem mal in das Geschäft fahren. Vielleicht gibt es für mich ja neue Erkenntnisse. Ich überleg´s mir noch."

Dieses Telefonat endete mit gemischten Gefühlen. Was sollte ich da? Zunächst überlegte ich mir, vorerst von einem Besuch dieses Geschäfts Abstand zu nehmen.

Aber Helga ließ über die nächsten Wochen nicht locker. Immer wieder telefonierten wir und ich erfuhr immer mehr über diese ägyptischen Ringe und über Harmonizer.

Schließlich beschlossen Inge und ich, uns dieses Geschäft näher anzusehen. Von außen machte der kleine Laden einen sehr verlockenden Eindruck. Die ausgefallenen Schaufensterauslagen waren wundervoll mit Seidenblumen und weißem Stoff dekoriert. Leise Meditationsmusik drang an unsere Ohren und machte Lust auf mehr.

Wir betraten den Verkaufsraum und ein wunderbarer Duft nach ätherischen Ölen erfüllte unsere Seele. Eine hoch gewachsene, schlanke Frau mit rotbraunen langen Haaren - einer Elfe nicht unähnlich - und mit einem weißen Kleid verhüllt, begrüßte uns freundlich. Ihr liebevoll lächelndes Gesicht gab uns das Gefühl, willkommen zu sein.

Ein ebenfalls großer Mann mit blonden, schütteren Haaren gab uns ebenfalls das gute Gefühl, unter Freunden zu sein. Er stellte sich mit Namen John vor und ist der Mann von Angelina.

Um es kurz heraus zu sagen, wir waren etwa 4 Stunden in diesem Geschäft, sprachen über die Esoterik im Allgemeinen und im Besonderen, aber auch über meine Erfahrungen mit dem einzigartigen Urteilchenstrahler.

Die Fragen nach den Energietools von Slim Spurling wurden uns umfassend erläutert, und wir empfanden beim Berühren dieser Ringe und anderer seltsamer Gerätschaften starke Vibrationen in den Armen.

Meine Frau und ich experimentieren gerne, und so kauften wir uns eine Reihe verschiedener Ringe und einen Harmonizer.

Immer wieder besuchten wir die beiden Geschäftsinhaber und unterhielten uns intensiv über verschiedene Heilmethoden. Es stellte sich nämlich heraus, dass Angelina nebenbei auch als Heilpraktikerin tätig war und auch heute noch ist.

Sie hatte eine Reihe von Menschen in ihrer Praxis, die immer wieder mit kleineren und größeren Wehwehchen bei ihr aufkreuzten und sich über verschiedene Wellness- und Heilmethoden Linderung verschafften.

Darunter waren auch etliche Ärzte und Heilpraktiker, Krankenpfleger und Krankenschwestern, Professoren und auch arme Schlucker, die von Angelina kostenfrei behandelt wurden.

Mit der Zeit freundeten wir uns mit Angelina und John an, so dass das Vertrauen untereinander wuchs.

Da die beiden von meinen Geistreisen wussten, und auch davon, dass die eine oder andere Spontanheilung erfolgt war, wunderte es mich nicht, dass Angelina eines Abends per Email eine Nachricht an mich leitete mit dem Hilferuf einer verzweifelten Mutter, deren Sohn Numo Milao, ein 25 jähriger iranischer Mathematikstudent nach einer schweren Operation in einem städtischen Krankenhaus auf der Intensivstation gelandet war. Dabei war der Grund dieser Komplikationen eine Unverträglichkeit der Narkosemittel, denn Numo Milao war seit dem Aufwachen aus der Narkose in einer schwere Psychose gefangen.

Auf der Intensivstation wurde dem jungen Mann eine hohe Dosis Risperdal, ein spezielles nebenwirkungsreiches Psychopharmakon, verordnet, so dass der junge Mann quasi und mit schwerster Psychose dahinvegetierte.

Da sich der Zustand über einige Wochen bereits hingezogen hatte, war höchste Eile geboten. Ich versprach, mich um den Studenten zu kümmern, und ich begann mit meinem Urteilchenstrahler das übliche Ritual.

Schon nach kurzer Zeit befand ich mich gemeinsam mit dem Geistführer meines Urteilchenstrahlers im Krankenzimmer von Numo und betrachtete die Szenerie: Er lag teilnahmslos in seinem Bett und starrte an die Decke. An seinem Kopfende standen drei seltsam gekleidete, orientalisch anmutende Wesen in reichem Ornat und einem turbanähnlichen Kopfschmuck aus Golddamast. Seltsam, dass ich dafür ein Auge hatte.

Ich sprach die drei männlichen Wesen an und fragte, was sie an diesem Ort zu suchen hätten. Dabei ging ich zunächst davon aus, dass die drei irgendetwas mit dem Zustand von Numo zu tun haben könnten. Aber es stellte sich heraus, die Orientalen waren verstorbene Verwandte Numos aus verschiedenen

Generationen. Es wurde klar, dass Numo aus einer reichen Familie stammte.

Sofort baute sich wieder eine breite Lichtsäule im Krankenzimmer auf und ich konnte die Männer dazu bewegen, in das Licht zu gehen. Sie wollten zuerst nicht, denn sie hatten es sich zur Aufgabe gemacht, Numo zu beschützen - offensichtlich ohne Erfolg.

Also entschieden sie sich, ihrer eigentlichen Bestimmung zu folgen, und sie stiegen in die Lichtsäule, in der sie aufwärts schwebten.

Bis heute ist es immer wieder faszinierend, wie sich in dieser Lichtsäule die Wesen dankbar zeigen und mit Freude ähnlich wie in einem Lift aufwärts fahren.

So war das auch hier.

Nun war ich mit meinem Uri-Lichtwesen allein mit Numo.

Ich schaute mir den Mann an und versuchte zu ergründen, welche Möglichkeiten der Hilfestellung für ihn bestanden.

Dabei folgte ich dem Impuls, Numo zunächst von dem Risperdal in seinem Gehirn und seinen Zellen zu befreien.

Dazu hielt ich plötzlich wieder einen goldenen Krug mit einer flüssigen Lichtsubstanz in meiner rechten Hand.

Dieses schnellflüssige weiße Licht schüttete ich behutsam in das Kronenchakra des Mannes. Dabei sah ich Numo wie aus Glas. Die Lichtsubstanz floss schnell durch das Gehirn und seinen gesamten Körper.

Mein Uriwesen übernahm wie bei meinen anderen Geistreisen die Entsorgung der aus den Fußsohlen austretenden kugelartigen Gebilde, die bereits eine Menge des Gifts aus seinem Körper aufgenommen hatte, und warf es wieder in eine plötzlich erscheinende Flamme auf dem Boden.

Eine weitere Kanne mit einer gelblichen, honigähnlichen Lichtflüssigkeit schüttete ich wiederum in das Kronenchakra des jungen Mannes. Dabei sah ich in seinem glasähnlichen Körper, wie das Licht zähflüssig und klebrig durch das Gehirn tropfte, in all seine Zellen eindrang, durch den Hals bis hin zu seinem Herzen zog. Dort bemerkte ich, dass sein Herz begann, wieder leicht zu leuchten, flackernd, rosafarben. Diese Energie verstärkte sich aber immer mehr, je länger die Lichtflüssigkeit in seinem Körper verblieb.

Es dauerte recht lange, bis alle Organe von den Giftstoffen, die an dem „Honiglicht" klebten, gereinigt waren.

Auch hier kamen wieder giftige Lichtkugeln aus den Fußsohlen des Mannes, die mein Uribegleiter in ein plötzliches Feuer entsorgte.

Eine dritte Lichtgabe mit hellweißem Aussehen nahm über das Kronenchakra seinen Weg in den Körper des Mannes. Ich sah, wie alle Organe und alle Zellen sich mit dem Kontakt des weißen Lichts wieder rosa färbten - ein Zeichen für Gesundung.

Dabei verblieb dieses Licht im Körper Numos und strahlte stark aus.

Ich nahm seine Füße in meine Hände und schickte ihm aus meinem Herzen eine enorm starke Energie, die sich wie

Strom spiralförmig im ganzen Körper ausbreitete und mit Wirbeln im Herz - und Kopfbereich eine Steigerung der Kraft erfuhren.

Welch ein Schauspiel, dachte ich noch.

Was sollte ich nun noch tun? Jedenfalls vernahm ich plötzlich Bewegungen des Körpers, er atmete tief ein und aus und streckte sich. Numo kam zu sich und sah mich an. Ich sagte ihm, wer ich war und beruhigte ihn, ihm helfen zu wollen.

Ein Impuls drängte mich, mich mit Numos Gehirn einzuklinken. Ich tat das und empfand in meinem eigenen Kopf ein starkes Kribbeln und Brennen.

Dabei übertrug ich Numo die Affirmation:

Ich bin gesund! Der Körper - die Seele - der Geist sind gesund.

Alle meine Zellen sind wieder gesund. Mein Verstand ist vollständig funktionsfähig.

Ich löste mich dann wieder aus dem Gehirn des Mannes und betrachtete ihn. Ich sah, wie er plötzlich weinte und mich umarmte. Er hatte verstanden und bedankte sich so.

Er meinte noch zum Abschied, er wäre wieder in Ordnung.

Ich verließ mit meinem Uriengel das Krankenzimmer und reiste wieder zurück in meine Wirklichkeit.

Ich informierte Angelina, die wiederum Kontakt zur Mutter und Großmutter Numos aufnahm.

Eine Woche später hörte ich von Angelina, zwei glückliche Menschen wären in ihrem Geschäft erschienen und hätten unter heftigem Weinen erzählt, dass Numo bereits einen Tag nach meinem Geistbesuch wieder auf die normale Station überführt worden sei.

Die Genesung sei erstaunlich schnell fortgeschritten - von der Psychose keine Spur mehr.

Er würde in den nächsten Tagen aus der Klinik entlassen und könnte dann wieder sein Studium an der Universität aufnehmen.

Ich danke dem Himmel für dieses wunderbare Erlebnis.

Angelina hatte nun einen Bann in mir gebrochen, denn ich hatte bis dato trotz meist guter Ergebnisse meiner „Reisen" immer wieder Schwierigkeiten, das alles anzunehmen und selbst daran zu glauben, welche gottgeschenkte Fähigkeit in mir erwacht war.

Aber das war erst der Anfang einer Entwicklung, über die ich noch berichten will.

Man könnte rückblickend sagen, dass ich über eine lange Zeitstrecke eine Art Einweihung mitgemacht habe.

Ein Kompassfehler

Weißt du, wenn man jung ist, fühlt man sich nicht so sehr als Teil all der Bedingungen, denen wir Menschen unterworfen sind. Manches tut man, weil man meint, es wäre nicht endgültig, als wäre alles eine Probe, beliebig oft zu wiederholen; als könnte man es immer noch recht machen, wenn der Vorhang im Ernst aufgeht. Eines Tages begreifst du, dass der Vorhang die ganze Zeit hochgezogen war. - Das **war** schon die Vorstellung.

Reiseunternehmen Uri-Lichtexpress

Angelina hatte zu einer Veranstaltung in ihrem Geschäft und den angrenzenden Praxisräumen eingeladen. Es ging um die Vorstellung der Wirkungsweise und Anwendungsmöglichkeiten der Slim Spurling life light tools.

Die Veranstaltung war gut besucht, und Angelina erklärte fesselnd und in reicher Bildsprache die schwierigen quantenphysikalischen Zusammenhänge dieser Antennen.

Dabei erzählte sie unter anderem die Lebensgeschichte eines Mediziners und Forschers alten ägyptischen Wissens mit Namen L.W. Göring.

Dieser Mann war zu Lebzeiten mit Slim Spurling befreundet.

Ich fand das Seminar sehr anregend und machte mir zahlreiche Notizen bestimmter Zusammenhänge von Maßeinheiten in und um die ägyptischen Pyramiden.

Als experimentierfreudiger Mensch setzte ich natürlich sofort die Nutzungsmöglichkeiten der Tools in die Praxis um.

Allerdings hatte ich Respekt vor diesen Geräten, deren Schwingungen von mir völlig anders wahrgenommen wurden wie die vertraute Verbindung mit meinem Uri-Engel, der mir so richtig ans Herz gewachsen ist.

Ich spürte bei den Ringen und Harmonizern eine starke Strömung, und meine Haare standen mir zu Berge, wenn ich damit arbeitete, Gänsehaut inbegriffen.

Ich stellte meinen Urteilchenstrahler in die Ringe und empfand bei manchen Reisen zu hilfesuchenden Menschen eine Art Verstärkung der Urteilchenenergie. Aber ich erhielt bei bestimmten Reisen auch die Aufforderung meines Geistigen Freundes, diese Ringe manchmal nicht zu verwenden.

Also hielt ich die Nutzung der Tools in Grenzen.

Angelina allerdings ist sehr vertraut mit diesen Geräten und arbeitet auch energetisch sehr erfolgreich damit.

Es ist manchmal verrückt im Leben, aber alles hat seinen Sinn, den wir annehmen sollten.

Ein Notruf erreichte mich!

„Hallo, Uwe! Ich habe großes Vertrauen in dich und deine Lichtarbeit. Gerne möchte ich dir eine Email zusenden, die aber unter allen Umständen geheim bleiben muss. Mein Sohn Minos aus früherer Ehe ist ein schrecklich kranker Mensch.

Er nimmt seit geraumer Zeit Psychopharmaka und ist deshalb geistig sehr verwirrt.

In der Mail findest du alle Angaben zu meinem Sohn. Er ist grausam besetzt von allen möglichen Wesen.

Da das mein Sohn ist, möchte ich versuchen, mit dir zu reisen.

Wenn du die Mail gelesen hast, lösche sie sofort und rufe mich zurück. Wir machen dann einen Zeitpunkt aus, und du holst mich dann auf der feinstofflichen Ebene ab. Was hältst du davon?"

„Klar, das versuchen wir. Im übrigen will ich das Experiment erweitern. Ich bringe noch jemand mit: Ich will versuchen, auch L.W. Göring auf der anderen Seite zu suchen und mitzubringen!"

„Super Idee! Wir versuchen das!"

Dieses kurze Gespräch war wieder eine Stufe in meiner Lichtentwicklung. Sollte das gelingen? Vielleicht hatte ich meinen Mund etwas zu voll genommen?

Aber warum nicht? Mein Uri hatte mich schon etliche Male in Erstaunen versetzt!

Am nächsten Tag erhielt ich Angelinas Schilderung der Krankheitssituation ihres Sohnes.

Es war grässlich, was ich in der Mail las. Grauenhaft, was der junge Mann da mitmachte.

Minos war griechischer Abstammung und hörte ständig Stimmen, die ihn immer wieder aufforderten, Selbstmord zu begehen. Das ist wie in zwei Welten gleichzeitig leben, wobei man nicht weiß, welche Welt richtig ist.

Schwierig war, dass Minos alle Personen, die sich ihm näherten, um ihm zu helfen, als Feinde ansah. Er duldete nur seine Mutter Angelina und seinen Bruder Markos um sich.

Diese Mail musste ich selbst erst einmal verdauen.

Nach ein paar Tagen wollte ich zuerst alleine das Experiment machen, den Forscher L.W. Göring zu besuchen, bevor ich mit ihm zu Angelina reisen konnte.

Ich wusste nur, dass er vor vielen Jahren verstorben war.

Mein Urteilchenstrahler stand bereit und wartete auf mich.

Ich dunkelte den Raum ab. Eine Kerze gab diffuses Licht auf den Tisch und ein Räucherstäbchen versorgte meine Sinne mit wohlriechendem Duft.

Energetisch lud ich mich auf und baute eine Lichthülle um mich auf, wie ich dies von Richard Weigerstorfer auf einem Seminar gelernt hatte.

Mit den Elektroden in der Hand versank ich in die mir vertraute Trance und erklärte Uri, was ich vorhatte. Er wollte mich zu L.W. Göring bringen und es dauerte nicht lange, bis wir beide in einer Art Lichttunnel aufstiegen.

Wir kletterten aus der Lichtröhre und befanden uns in einem wunderschönen Garten.

Er ähnelte sehr einem Obstgarten. Apfelbäume standen auf einer Blumenwiese, und ich sah am Horizont ein bläuliches Licht. Seltsamerweise waren die Pflanzen auch blau.

Ein schmaler Weg führte zu einer riesigen Villa - so etwa, wie man sie aus der Gründerzeit her kennt.

Uri und ich wurden magisch zu der Villa hingezogen. Wir betraten den Zugang zum Haus und stiegen vorsichtig die Stufen zum Eingang hinauf. An der großen, mit Holztäfelungen verzierten Türe fanden wir einen bronzenen Klingelknopf, auf den ich erwartungsvoll drückte. Göring stand auf dem Namensschild. Ein melodischer Dreiklang-Gong ertönte, der an den Schlag einer alten Standuhr erinnerte.

Es dauerte nicht lange und die Türe wurde langsam geöffnet. Ein großer Mann so um die 60 Jahre stand im Eingang und schaute uns fragend an. Er hatte schütteres Haar und trug eine große Brille.

Ich stellte meinen Begleiter Uri und mich vor.

Dabei sagte ich ihm, dass ich von seinen Forschungsarbeiten wisse und ich ihn um Hilfe bitten würde.

L.W. Göring bat uns in sein Haus und führte uns durch eine hallenähnliche Diele, die Wohlstand ausstrahlte, in sein Arbeitszimmer.

Hier lagen auf einem überdimensionierten Schreibtisch unzählige Schriftrollen, alte Pergamente und unzählige Bücher. Das mussten dem Aussehen nach sehr alte Bücher sein.

Ein großes Papier lag aufgerollt auf dem Tisch und wies Zeichnungen von ägyptischen Hieroglyphen und Pyramidenwinkeln auf.

Das Modell der Cheops-Pyramide stand auf dem Schreibtisch.

Es diente offensichtlich zu Studienzwecken.

L.W. Göring räumte einige Schriftstücke von den Stühlen und bot uns einen Platz an.

Ich schilderte ihm die geplante Reise gemeinsam mit Angelina und Uri zu ihrem Sohn.

Dabei ließ ich nicht unerwähnt, dass ich über den Urteilchenstrahler von Richard Weigerstorfer bestimmte Geistfähigkeiten besitzen würde, die bei Menschen Heilreaktionen auslösen können.

Als der Forscher von meinen Informationen der Urireisen hörte, wurde er sehr neugierig.

Er rückte seine Brille zurecht und beugte sich mit seinem Oberkörper über den überdimensionierten Schreibtisch. Er platzte schier vor Neugier, als ich auch noch erzählte, dass Richard Weigerstorfer sehr eng mit der Geistigen Welt arbeiten würde.

„Den werde ich besuchen und mich mit ihm wissenschaftlich austauschen", sagte Göring und freute sich, solch interessante Gäste und Hinweise in seinem Haus zu erfahren.

„Okay" , meinte er, „wann sollen wir Angelina besuchen?"

Ich wollte zuerst einen Termin mit Angelina ausmachen, und so umarmten wir uns zum Abschied. Uri brachte mich wieder wohlbehalten in meine 3-D-Wirklichkeit zurück.

Wir hatten einen neuen Freund und Mitstreiter aus der Geistigen Welt gefunden...ein schöner Gedanke!

Angelina war sehr erfreut über meine Schilderung einer geistigen Begegnung mit dem Ägyptenforscher und wir verabredeten uns für den kommenden Samstag, um das Experiment zu wagen.

Samstag, 15.00 Uhr - es war soweit.

Ich rief zuvor noch einmal Angelina an, die es sich schon mit ihren Slim Spurling life light tool-Ringen auf einem Stuhl in ihrer Praxis bequem gemacht hatte.

„Ja - es kann losgehen", lachte sie in Vorfreude auf die mögliche Reise, „fang an und hole mich hier ab. Der Uri-Lichtexpress kann starten!"

Gesagt- getan.

Ich saß zuhause in meinem Arbeitszimmer und nahm wie gewohnt die Elektroden des Urteilchenstrahlers in beide Hände.

Als ich sein OKAY zur Reise erhielt, war ich auch schon durch die Lichtröhre zu L.W. Göring „geflogen" und fand mich in seinem Garten wieder.

Er öffnete freudig die Haustüre und wir gingen gemeinsam mit Uri in seinen schönen Garten mit den blauen Blumen und Sträuchern.

„Nenn mich Lothar", sagte er lächelnd, „ wir sind ja nun beide Forscher."

Dankend nahm ich an. Ich schilderte ihm noch einmal die Situation von Angelinas Sohn Minos, der offenbar an einer Psychose litt.

„Wir müssen uns unbedingt schützen, Lothar! Der junge Mann ist von einer Menge Negativwesen besetzt, die es aufzulösen gilt."

„Mach dir keine Sorgen", entgegnete L.W. Göring.

Dabei murmelte er irgendetwas, das ich nicht verstehen konnte.

Plötzlich tauchten um ihn herum eine Reihe enorm großer Lichtwesen auf. Sie sprachen kein Wort, aber ich konnte Sie verstehen. Offenbar kommunizierten sie mit Gedankenkraft.

Sie grüßten Uri und mich und wir wiesen diese Engelwesen darauf hin, dass bei der anstehenden Reise Gefahr für uns drohen könnte. Sie hatten verstanden.

Mir war das aber nicht genug, und wir erhielten weitere Unterstützung durch den Erzengel Raphael, der ja bekanntlich für Heilungen prädestiniert ist.

Ich bat zudem Uri, Christus mit auf die Reise zu nehmen. Für mich erschien Christus in Form eines Bildes, das ich von Glenda Green`s Buch „Unendliche Liebe" her kannte.

Auf diesem Bild trägt Christus ein Schaf auf seinem Arm.

Er umarmte mich. Er schien bereits zu wissen, worum es auf der anstehenden Reise gehen sollte.

Wir starteten den „Lichtexpress" und fanden uns blitzschnell in Angelinas Praxisräumen wieder. Sie stand von ihrem Stuhl auf und umarmte uns alle zur Begrüßung.

Sofort ging die Reise weiter zu Minos, der im holländisch-deutschen Grenzgebiet wohnte.

Ich erkannte zwei Doppelhaushälften. Links wohnte Minos mit seinem Bruder, im rechten Gebäudeteil lebte sein Vater, der seit etlichen Jahren von Angelina geschieden war.

Das weiße Gebäude wies den typischen Stil holländischer Häuser auf. Unsere Gruppe näherte sich vorsichtig der Haustüre.

„Ich bin die Mutter von Minos", flüsterte Angelina und betrat als Erste das Haus.

Wir anderen folgten ihr leise und betraten einen abgedunkelten Raum. Es sah aus wie in einer Kathedrale. Die riesig hohen Fenster waren mit langen dunkelroten Gardinen zugezogen.

In der Mitte des hallenähnlichen Raums thronte Minos auf einem Stuhl.

Er erkannte seine Mutter und sie versprach ihm, dass wir ihm alle helfen wollten.

Genau wie im 3D-Leben war Minos sehr skeptisch über unsere Hilfestellung, genauso misstrauisch, übellaunig und wirkte etwas überheblich.

Trotzdem ließ er sich überreden.

Einige Tage vor unserer Reise hatte mir Angelina ein Foto ihres Sohnes gezeigt, ein hübscher junger Mann.

Meine erste Reaktion auf die Abbildung war: „ Der sieht aus wie Tutenchamun!"

Irgendwie zeigte sich Angelina bei diesen Worten seltsam berührt, schien mir aber irgendwie zuzustimmen.

Ich erwähne das an dieser Stelle deshalb, da auch nun auf unserer Geistreise Minos wie „Tutti" (so nannten wir ihn seit meinem Vergleich auf dem Foto) auf einem Thron saß und seine Untergebenen empfing. Seine Augen blitzten und er schaute uns nicht gerade freundlich an.

Zwei unserer Riesenengel hatten sich hinter Minos aufgestellt, stiegen auf und öffneten die dunklen Vorhänge, damit helles Licht in den Raum strahlen konnte.

Lothar stieß mit seinem Ellenbogen in meine Seite und wies wortlos an die Decke des Raumes. Die Decke war schwarz!

Dort klebten hunderte von kleinen grässlichen Monstern mit spitzen Zähnen, die uns hämisch angrinsten.

Sie sahen aus wie kleine drachenähnliche Wesen mit spitzen Ohren und glühenden Augen, die uns ständig beobachteten. Ein schriller Pfiff durchdrang den stickigen Raum und plötzlich wie auf Befehl ließen die Flugmonster von der Decke ab und stürzten sich auf uns. Dabei ruderten Sie mit einem langen, zackigen Schwanz.

Christus reagierte als Erster. Er stellte sich schützend vor uns hin und wehrte die Biester mit einer hellen Lichtwand ab.

Gleichzeitig sah ich, während mein Herz wie wild raste, dass einige Riesenengel in den Raum schwebten und rasend schnell im Kreis flogen. Es entstand eine Art Sog, der die schreienden Flugteufel anzog. Die Engel drehten den Wirbel so lange, bis das letzte Monster im Licht eingetaucht war.

Die Engel rasten mit dem dunklen Inhalt aus dem Haus und dort sah ich nur noch durch ein Fenster eine Feuersäule.

Es war vorbei. Die schwarze Epidemie schien weg zu sein.

Minos hatte nur teilnahmslos zugeschaut. Seine Passivität war wohl Teil seiner Erkrankung, oder er hatte sich ganz einfach an diese Flugmonster gewöhnt.

Wir alle näherten uns dem jungen Mann und fanden um seinen Hals und um seine Taille jeweils einen Metallring vor.

Daran befestigt waren an Ringen Kabel, die jeweils zu einem schwarzen Kästchen führten. Diese Kästchen waren an den Enden der Zimmerdecke befestigt. Darin befanden sich eine

Art Tonbänder, die alles aufzeichneten, was im Kopf des Jungen vor sich ging, aber auch umgekehrt dem Gehirn negative Dinge diktierten.

Christus schoss aus seinem Herzen einen starken Lichtstrahl auf die Metallringe um „Tutti´s" Hals und Bauch, und wir anderen unterstützten ihn dabei, indem wir es ihm gleichtaten. Aus unseren Herzen drang unsere Energie in die Metallringe ein, die allmählich ihren Widerstand aufgaben. Sie begannen zu schmelzen, und ein Riesenengel fing das flüssige Metall auf. Er brachte es aus dem Haus und auch hier schoß eine Feuersäule in den Himmel.

Das Metall war verschwunden.

Nun hingen ja noch die Kästchen an der Zimmerdecke, und die Kabel baumelten herunter.

Angelina sprach immer wieder auf ihren Sohn ein und wandte sich an Uri und mich.

In Minos Ohren steckten zigarrenähnliche, technische Gebilde, die offensichtlich dazu dienten, ständig Informationen in das Gehirn des Jungen zu transportieren.

Nun kam Erzengel Raphael ins Spiel!

Ein Riesenengel stellte sich hinter Minos auf und umarmte ihn. Minos ließ sich das gefallen, ja er folgte dem Engel, als er ihn auf seinen Schoß setzte.

Raphael näherte sich den beiden und mit beherztem Griff zog er die beiden Tonbandzigarren aus den Ohren des jungen Mannes.

Das musste extrem schmerzen, denn Minos verzerrte sein Gesicht.

Erzengel Raphael legte seine beiden Hände auf die Ohren und schickte heilendes weißes Licht in den Schädel.

Sofort entspannte sich das Gesicht des Jungen.

Währenddessen sammelten die Riesenengel die schwarzen - ich nenne sie Kommunikationskästchen - auf.

Raphael legte die „Ohrzigarren" dazu.

Aber es stimmte immer noch etwas nicht! „Tutti´s" Augen flackerten....

Uri strich mir über die Augen, und ich sah den Patienten wie aus Glas. Im Stirnbereich war ein weiteres Implantat befestigt, wieder ein Tonband. Aber dieses Mal waren daran Kabel befestigt, die den gesamten Körper, jedes Organ durchdrangen.

Wieder war Erzengel Raphael gefordert. Er näherte sich wieder dem Patienten, der immer noch auf dem Schoß des Riesenengels saß.

Raphael schien chirurgisch ausgebildet zu sein, denn er griff in den Schädel des Jungen und riss das Tonband heraus. Er zog immer weiter und die Drähte schnitten durch sein (feinstoffliches) Fleisch. Die Muskeln platzten auf und Gewebefetzen klebten an den Drähten, als sie dem Körper entrissen wurden.

Minos bestand nur noch aus offenen Wunden. Raphael überstrich den gesamten Körper mit weißem Licht, und die Wunden verschlossen sich.

Ein Geräusch lenkte uns ab - es klang wie Tausende von Stimmen.

Sie kamen aus dem Tonbandgerät.

L.W. Göring kam dazu und schaute sich dieses Gebilde an, ebenso die Kästchen und die zigarrenähnlichen Aufzeichnungsgeräte.

„Die kenne ich alle! Das sind Geräte, die ich in alten Aufzeichnungen auch bereits aus Ägypten kenne. Da stecken Außerirdische hinter - aber die der unfeinen Sorte!"

Lothar hatte die seltene Gabe, selbst gefährliche und schwerwiegende Dinge ruhig, besonnen und auf ein Mindestmaß an Angstverbreitung herunterzuformulieren.

Für ihn schien das alles kein großes Problem zu sein! Irgendwie beruhigend war das.

Trotzdem war die Frage, wie wir das ganze technische Horroraufgebot beseitigen könnten?

Christus lächelte mich an und meinte: „Ich habe eine Idee..."

Er rief einen Engel zu sich, der nickte, als Christus ihm etwas vermittelte, das wir nicht hören konnten.

Er wandte sich wieder an mich und lachte: „ Eine kleine Überraschung für Dich!" Du darfst zwei Engel begleiten! Ihr werdet einige Außerirdische besuchen. Uri darf natürlich mit!"

Mein Herz pochte vor Aufregung!

Die Engel, Uri und ich nahmen den Tonbandmüll auf und flogen aus dem Haus, immer höher steigend, höher und höher.

Von weitem sahen wir sie, die Untertasse, grau, metallisch, unheimlich. Gleißendes elektrisches Licht blitzte aus der Mitte der Ufohälfte.

Aus einem Fenster sah ich einige Außerirdische, grau, dünn, lange Arme, riesige insektenartige dunkle Augen, ohrlos!

Sie bemerkten uns nicht. „Gott sei Dank!" dachte ich!

Vorsichtig flogen wir unter das Raumschiff und befestigten dort die Tonbandgeräte an der Außenhaut des Ufos.

Wir schauten uns alle an und freuten uns diebisch über diesen Coup.

Jetzt konnten die Greys mal richtig suchen, woher die vielen Stimmen kamen.

Leise entfernten wir uns von dem Ufo und sahen noch, wie plötzlich heftige Betriebsamkeit im Raumschiff um sich griff. Vermutlich hatte man bereits die Veränderungen wahrgenommen und suchte nach dem Grund für die Lärmbelästigung....

Zurück bei Minos war mittlerweile noch mehr geschehen.

Christus und Raphael hatten noch eine Kugel aus dem Kopf des Jungen operiert.

Angelina stand immer dabei und betete für ihn. Sie schickte ihm Kraft in jede Zelle seines Körpers, in seine Seele und seinen Geist.

Christus wies uns alle an, das Haus zu verlassen. Wir folgten seiner Anordnung und stellten uns im Vorgarten des Hauses auf. Ein Engel führte Minos vorsichtig hinaus.

Christus folgte mit der Kugel in beiden Händen. In gebührendem Abstand legte er sie auf den Boden.

Ein Lichtstrahl von ihm genügte, die Kugel explodieren zu lassen. Ein ungeheurer Knall traf uns völlig unvorbereitet und ein Atompilz stieg empor.

Es war einfach Wahnsinn!

Und das war im Kopf des jungen Mannes!

Wir erholten uns von dem Schreck und kehrten wieder alle in das Haus zurück.

Minos erhielt eine Entgiftung seiner chemischen Medikamente, die sich in seinem Körper angesammelt hatten über verschiedene Lichtsubstanzen, die ihm über das Kronenchakra eingeflößt wurden.

Er signalisierte schließlich, er fühle sich besser.

Das war für uns alle das Zeichen, uns zurückzuziehen.

Als wir das Haus verließen, wurden wir aber noch daran gehindert, zurückzureisen.

Wie ein Magnet zog es uns in das Nachbarhaus, in dem der Vater von Minos und Markos lebte.

Wir gingen hinein, und es begann wieder eine Monsterbeseitigungsaktion, denn die kleinen Flugteufel, die wir im Nebenhaus als entfernt vermuteten, waren zu hunderten in der Nähe des Vaters, Wände, Zimmerdecke und der Boden waren vollständig übersät mit den „freundlich" grinsenden Ungeheuern.

Auf dem Boden sahen wir ein offenes Loch, aus dem immer wieder neue Monsterchen ausflogen.

Ich wandte mich zu Uri und sagte: „ Das ist das Wespennest des Teufels!"

Wir mussten handeln!

Dieses Mal öffnete Christus die Zimmerdecke und ein riesiger Lichttunnel bildete sich, der sich am unteren Ende wie ein Trichter ausstülpte. Der Lichtsauger zog alles aus dem Raum.

Die Flugmonster hielten sich nicht mehr, sondern wurden wie in einem Wirbelsturm in den Lichtkanal gezogen und verschwanden.

Ein Riesenengel setzte sich grinsend auf das Loch im Boden und verhinderte, dass weitere Flugteufel in das Zimmer dringen konnten. Der hatte vielleicht einen Humor....

Schließlich brachte ein zweiter Engel eine Metallscheibe, auf der für mich nicht zu erkennende Symbole aufgebracht waren. Diese Scheibe setzen die beiden Engel auf das Loch und dichteten es mit Licht ab!

Minos Vater bemerkte von alledem nichts. Er trank gerade eine Flasche Wein und rauchte den Raum stickig. Wir öffneten die Fenster und sorgten für frische Luft.

Mehr war hier nicht zu machen.

In Angelinas Praxis zurückgekehrt, verabschiedete sie sich von uns und wir flogen wieder in den Traumgarten von Lothar.

Ich war froh, das alles überstanden zu haben, und wir versprachen, beim nächsten Abenteuer wieder zusammenzufinden.

Uri brachte mich zurück in unsere sichtbare Wirklichkeit. Völlig benommen öffnete ich die Augen an meinem Schreibtisch.

Ich war völlig fertig!

Nach ca. zwei Minuten klingelte das Telefon. Mühsam hob ich ab!

„Das war ja unglaublich!" Angelina war völlig aus dem Häuschen.

„Ich habe alles gesehen und mitbekommen, was passiert ist."

Meine Reiseerzählung wurde von Angelina zustimmend honoriert.

Sie hatte zwar nicht die gleichen Bilder, konnte aber genau den Ablauf und die Vorkommnisse bestätigen.

Allerdings schilderte sie, bei unserer Begrüßung hätte sie mich als hellblau leuchtendes elektrisches Licht wahrgenommen. Dabei sei sie kurz ohnmächtig geworden, wäre aber nach einigen Minuten wieder zu sich gekommen.

Augenscheinlich hatte ich wohl eine starke Kraft in mir, die das alles auslösen konnte.

Jetzt blieb es nur abzuwarten, wie der Patient, ihr Sohn Minos auf unsere Reise reagieren würde.

Erst nach zwei Tagen erhielt ich von Angelina eine Bestätigung, es würde ihm besser gehen. Aber ganz weg seien die Beschwerden noch nicht.

Da war wohl noch Arbeit für uns!

Ich besuchte mit meinem Team aus der geistigen Welt noch einige Male Minos, aber leider waren in diesem Fall die Erfolge nur in kleinen Schritten erzielbar.

Wir werden in Zukunft wohl noch einige Male zum ihm reisen.

Minos - ein sehr schwerer Fall!

Was wir wissen, ist ein Tropfen,
was wir nicht wissen, ist ein Ozean.
Isaac Newton

Die ägyptische Schlange

Eine Heilpraktikerin namens Sabine hatte von mir gehört, und sie hatte ein „kleines Problem", wie sie mir sagte.

„Ich habe mich von meinem Partner getrennt, bin aber sicher, dass ich nicht von ihm loslassen kann. Auch er scheint noch an mir zu hängen. Vielleicht kannst du das auflösen?"

Sabine war wohl im Freundeskreis von Angelina zu sehen, und sie fand es interessant, Hilfe von mir zu erhalten. Angelina wollte mich bei meiner Uri-Reise zu ihr unterstützen.

Da wir mittlerweile noch etliche Patienten von Angelina mit dem Uri-Lichtexpress besucht hatten, war uns die Vorgehensweise sehr vertraut.

Deshalb verabredeten wir uns wieder mit einem festen Termin.

„Das dürfte eine einfache Reise werden", meinte Angelina. „Hol bitte wieder Christus und Lothar auf der anderen Seite ab! Das kann uns die Arbeit erleichtern!"

Die Reise sollte uns eines Besseren belehren!

Beim vereinbarten Termin setzte ich mich wieder an meinen Schreibtisch und nahm über den Urteilchenstrahler Kontakt zu meinem Uri auf.

Er befürwortete die Reise, und wir holten auf der „anderen Seite" L.W. Göring, dessen Engel und Christus ab.

Im Nu fanden wir uns mit Uris Hilfe in Angelinas Praxis wieder.

„Ah, da seid Ihr ja", freute sie sich, und wir machten uns auf den Weg zu Sabine.

Sie bewohnte ein schönes Einfamilienhaus in Stadtrandlage. Durch einen gepflegten Vorgarten gelangten wir behutsam in ihr Haus.

Alles war dunkel. Unsere Augen mussten uns erst an dieses diffuse Licht gewöhnen. Christus zeigte mit einer Hand auf die zugezogenen Vorhänge. Diese Vorhänge bildeten eine Art Leinwand, auf der die Cheopspyramide zu sehen war. Es wurde immer heller im Raum, und wir nahmen schließlich war, dass die Temperatur anstieg, Ein heißer Wüstenwind begann im Raum zu wehen. Augenscheinlich waren wir in der Wohnung plötzlich in Ägypten gelandet. Die Sonne prallte auf uns herunter. Unsere Gruppe näherte sich vorsichtig der Pyramide.

Heißer Sand rieselte in unsere Schuhe und gestaltete das Vorwärtskommen schwierig.

Von Sabine keine Spur!

Wir wanderten um die Pyramide herum und von weitem zeichnete sich die Silhouette einer Sphinx ab.

Irgendwie beschlich mich ein seltsames Gefühl. Hier stimmte etwas nicht. So etwas hatte ich auf den Urireisen noch nie gesehen.

Die Sphinx lebte!!!

Sie drehte den Kopf zu uns herum und eine tiefe, grollende Stimme durchdrang unsere Körper: „Ich bin die Hüterin der Pyramiden. Stört mich nicht, sonst vernichte ich Euch!"

Christus ergriff das Wort: „Wir kommen in friedvoller Absicht, um einem Menschen namens Sabine zu helfen, die sich hier irgendwo aufhalten müsste." Dabei sandte er aus seinem Herzen einen starken weißen Lichtstrahl auf die Sphinx. Wir folgten seinem Beispiel und verstärkten die Herzenergie durch unser eigenes Licht.

Etwas Seltsames geschah!

Die Sphinx trug einen Helm auf ihrem Kopf, aus dem auf der Schädelmitte ein Schlangenkopf thronte. Sie züngelte und beobachtete uns mit glühenden Augen.

Durch das zugeleitete Licht veränderte sich die Sphinx, indem sich der Metallhelm zusammenfaltete und die Schlange verschwand.

Das Aussehen der gesamten Sphinx veränderte sich, und bildete sich zu unserer gesuchten Sabine. Wie benommen stand sie vor uns. Dabei verschwand auch die ägyptische Umgebung, die Pyramide, der Sand, die Sonne - wir standen wieder im Wohnzimmer von Sabine.

Mit betont freundlicher Stimme begrüßte sie uns und freute sich übertrieben über unseren Besuch.

Ich schaute Uri und Christus an, die offenbar auch Zweifel an dem freundlichen Auftreten hegten.

Sabine´s Partnerschaftsproblem war schnell behoben. Zwischen ihr und ihrem Exmann waren starke Fesseln erkennbar, die wir mit weißem Licht auflösten. Sie fühlte sich sehr befreit nach der Aktion.

Um diesen Zustand zu festigen, erhielt ich von Christus und Uri den Impuls, eine gesamte Reinigung des Körpers vorzunehmen, und schon hielt ich eine goldene Karaffe in der rechten Hand.

Ich schüttete einen Teil des flüssigen weißen Lichts in das Kronenchakra von Sabine. Sie zitterte am ganzen Körper. Das war für mich auch neu!

Ihre Stimme veränderte sich wieder zu einem Grollen, ihr Körper verwandelte sich in die ägyptische Sphinx und auch der Metallhelm klappte sich wieder auf.

Mit einem spitzen Schrei formte sich die Schlange auf der Sphinx und richtete sich auf. Es war eine Kobra, die uns massiv bedrohte. Das weiße Licht hatte sie vermutlich wieder geweckt, aber dieses Mal spürte sie wohl, dass ihre eigene Existenz bedroht zu sein schien.

Diese Riesenschlange löste sich vom Kopf der Sphinx.

Erst jetzt bemerkten wir, dass die Schlange am gesamten Körper brannte. Dabei wurde sie immer größer und bedrohlicher!

Sie veränderte ihr Aussehen in einen Drachen ähnlich der Wesen, die man von chinesischen Tänzen her kennt.

Nur war unser Drache nicht aus Papier, sondern äußerst lebendig. Er stürzte sich auf mich herab und wollte mich töten. Dabei schossen Feuerzungen aus seinem Maul. Zuerst stellten sich L.W. Göring und Angelina vor mich hin. Aber das nützte nichts. Er ignorierte die beiden. Dabei sah ich noch, wie Angelina durch ihre Spurling-Ringe schrie.

Der Flugfeuerdrache mit dem Schlangenkopf raste unaufhaltsam auf mich zu, überflog meinen Kopf, um dann in der Luft erneut Anlauf für einen Angriff auf mich zu nehmen.

In unserer 3-D-Realität nahm ich wahr, wie mein Herz wie wild raste, ich hyperventilierte und hatte ehrlich gesagt Todesangst.

Schließlich kam durch Christus die Rettung. Er stellte sich vor mich hin und schützte mich mit Hilfe weißen Lichts, das er wie einen Kokon um mich herum bildete.

Ich sah, wie er die Aufmerksamkeit des Feuerdrachen auf sich lenkte.

Das Wesen stürzte sich auf Christus, der es in seinem hellen Licht auffing und mit ihm im Licht verschwand.

Wir waren gerettet!

Jedenfalls waren mit dem Verschwinden des Drachen auch die ägyptische Szenerie verschwunden. Sabine stand weinend vor uns.

„Was habe ich nur getan", stammelte sie, während sie ihre Tränen von den Wangen wischte.

Wir beruhigten Sie, und Uri gab mir den Impuls, wieder Licht in das Kronenchakra zu schütten. Der weitere Verlauf unserer Lichtbehandlung funktionierte ohne Zwischenfälle.

Sabine signalisierte uns, es gehe ihr wieder gut.

Das war unser Zeichen für den Abschied.

Uri brachte uns wohlbehalten zurück in Lothars blauen Garten. Hier wartete Christus auf uns. „Da seid Ihr ja wieder", lachte er und wir umarmten uns herzlich.

Lothar meinte nur, er brauche nun etwas Erholung nach diesem Abenteuer, aber er wies darauf hin, dass er beim nächsten Mal wieder mit von der Partie sein wollte.

Wir lachten gemeinsam erleichtert über die gemeisterte Gefahr.

Angelina setzten wir wieder in ihrer Praxis ab, und ich fand mich wieder an meinem Schreibtisch!

Sofort meldete ich mich telefonisch bei Angelina, die das Erlebnis auch noch in ihren Knochen spürte.

„Das war ja enorm gefährlich", schnaufte sie.

„Das kannst du wohl laut sagen", stimmte ich ihr zu.

„Weißt du, Sabine hatte schon immer ein Faible für Ägypten. Sie war wohl auch schon einige Male dort!"

„Entweder ist das eine karmische Verbindung zu Ägypten, oder sie hat sich von dort Negativwesen mitgebracht", überlegte ich.

„Letztlich ist es egal, was das war. Jedenfalls dürfte es Sabine wieder besser gehen", entgegnete Angelina.

Wir konnten wieder lachen, als ich trockenernst sagte: „Angelina, das war ja ein ganz einfacher Fall!"

Der Tod und die Geburt sind die kleinen Tunnel,
die uns kurzzeitig vom Licht des Lebens trennen.
Andreas Joisten, 2008

Krebs

„Ich habe einen schlimmen Hautausschlag, und ich kann nichts dagegen unternehmen, Uwe. Was soll ich nur machen? Was habe ich in meinem Körper, das diese Katastrophe auslöst?"

Gerlinde war total aufgeregt, als sie in den Telefonhörer schniefte. Sie war ja schon immer etwas hypochondrisch und sah immer in ihrem Leben große Probleme, aber dieses Mal klang Gerlinde zum Herzerweichen.

Sie ist Diplombetriebswirtin und wohnt in einem wundervollen Anwesen in der Nähe von Bremen.

Geld spielt für Gerlinde keine Rolle, und man muss wissen, dass Gerlinde einen Freund in der Schweiz hat, von dem ihr Ex-Mann Gernfried, ein anerkannter Architekt, der mit seiner Verflossenen auf unterschiedlichen Etagen im selben Haus wohnt, keine Ahnung hat.

Gerlinde und ihr Ex-Mann haben keine Gemeinsamkeiten mehr, so dass für die Frau in der Midlife-Krise ein Verhältnis mit einem Mann namens Siegfried durchaus statthaft ist, auch wenn die beiden hunderte Kilometer auseinander wohnen.

Die 50-jährige Frau hat allerdings eine altruistische Ader, denn sie pflegt und kümmert sich um ihren Ex-Mann, der seit Monaten an einem schlimmen Krebs leidet.

Gerlinde tut alles für ihn und opfert sich für ihn auf, und Gernfried sucht alle Chancen und Möglichkeiten, den Krebs zu besiegen. Er ist einfach eine Kämpfernatur!

Die beiden hatten wir vor wenigen Monaten auf einer Party kennen gelernt. Freundschaft verbindet uns nicht, dafür sind wir zu unterschiedlich in unseren Ansichten und Lebensweisen.

Aber wir hatten uns auf der Party recht gut unterhalten und ich hatte nach ein paar Stunden den Mut, mich mit meinen Geistreisen gegenüber Gerlinde und Gernfried zu outen. Überhaupt bemerkte ich in Gesprächen mit meinen Mitmenschen, dass ich immer mehr von meinen „Reiseerfolgen" mit dem Urteilchenstrahler überzeugt war und offen hinter den Dingen stehen konnte.

So auch in diesem Fall.

Gerlindes Anruf war die erste Anfrage auf ein Problem, bei dem ich vielleicht helfen konnte.

„Beruhige dich doch erst mal, ich werde gleich mal „nachschauen“, was bei dir los ist“, besänftigte ich den Tränenausbruch meines Gegenübers.

„Ja, ist gut! Guck auch mal bitte bei Gernfried nach, ob du ihm mit seinem Krebs helfen kannst“, schluchzte Gerlinde.

Wie gewohnt nahm ich meinen Urteilchenstrahler zur Hand und ließ eine sanfte Musik aus dem CD-Track spielen.

Ich vergewisserte mich bei meinem Uri-Engel, dass wir die Reise wagen konnten und nicht im Widerspruch mit den karmischen Aufgaben von Gerlinde und ihrem Mann standen.

Im Nu waren wir bei den beiden, die sich in unterschiedlichen Räumen des Hauses aufhielten.

Uri führte mich zu Gerlinde, die auf einem Sessel im Wohnraum saß. Ich sah mir mit Uri die ganze Situation genau an.

Es gab mehrere Hinweise:

Gerlinde hatte „Tierchen“ im Körper, die sich bei näherer Betrachtung als Darmegel entpuppten und nicht nur im Darm, sondern auch in der Gebärmutter Ausbreitung fanden.

„Was für widerliche Schmarotzer“, dachte ich.

Auch die Haut war mit einem Parasiten besetzt, der sich durch die Hautschuppen fraß.

Es gab auch Probleme mit ihrem Siegfried aus der Schweiz, die einerseits darin begründet waren, dass der neue Verehrer viel zu weit von Gerlinde entfernt war.

Sie wollte ihn häufiger sehen, als dies tatsächlich möglich war.

Ich nahm bei genauer Betrachtung eine Art Gummiband zwischen den beiden Personen wahr. Auch die Entfernung wurde deutlich, in dem Gerlinde im Feinstofflichen immer wieder versuchte, zu Siegfried zu gelangen, aber von dem imaginären Gummiband zurückgezogen wurde - und zwar immer in Reichweite ihres Ex-Mannes Gernfried.

Krankheit ist Macht, hatte ich einmal vor Jahren gelesen, und das schien hier zuzutreffen.

Es gab noch eine Information, die ich zuerst nicht wahrhaben wollte, und die ich auch verdrängen wollte, aber Uri meinte, das sei wichtig für die Gesamtsituation von Gerlinde.

Ihr neuer Freund war impotent, und zwischen den beiden Personen war es noch nicht zu einer körperlichen Nähe gekommen, was -wie sich später herausstellte- bedeutsam für die Krankheitssituation von Gerlinde war.

Hier gab es offensichtlich eine feinstoffliche Großbaustelle, die es zu bearbeiten galt.

Mein Engelbegleiter wies mich darauf hin, dass wir uns mit Licht schützen sollten, denn er hatte wohl etwas bemerkt, das mir entgangen war.

Gernfried hatte sich der Szene genähert. Er war sehr schwach und legte sich auf die Couch. Sein Krebs macht ihm wohl zu schaffen.

Neben der Couch erkannte ich ein großes Wesen mit Glotzaugen und einem grauen Umhang. Das Monster hatte sich die Kapuze übergezogen und fühlte sich durch Uri`s und meine Anwesenheit bedroht und gestört.

Ein Glück, dass wir uns in Licht gehüllt hatten, denn das Monster rief: „Ich bin der Krebs!" Dabei öffnete das unheimliche Wesen seinen Umhang und ich sah, dass Krebsgeschwüre seinen gesamten nackten Körper übersäten.

Was für ein grauenhafter Anblick!

Aber damit nicht genug!

Mit einem hämischen Lachen ließ das Monster von seinem Körper einzelne Krebsgeschwüre in unsere Richtung katapultieren, die aber von unserem Lichtpanzer abgefangen wurden.

Lange Fäden führten von den Krebsknoten zu dem Krebsgeschwür von Gernfried, der schwer atmend vor uns lag und sich ein Kissen unter seinen Kopf schob.

Wir errichteten neben dem „Krebsmonster" einen Lichttunnel und forderten es auf, dort hineinzugehen.

„Nein, nein, da gehe ich nicht hinein, Gernfried braucht mich, er hat den Krebs nicht ohne Grund bekommen. Er wollte ihn! Da kann ich ihn doch nicht im Stich lassen!"

„Doch, das kannst du! Lass ihn in Ruhe, Du hast deine Aufgabe erfüllt. Mehr Krebs wie Krebs geht nicht.

Gehe in das Licht und habe keine Angst. Dir wird nichts geschehen", versuchte ich mein Glück. Bei diesen Worten strömten aus meinem Herzen starke Lichtschlangen in Richtung des Monsters, und auch mein Uribegleiter ließ weißes Licht auf das Monster zuschweben. Unser Licht hüllte das Wesen vollständig ein. Seine Kraft schien zu schwinden, denn es zog sich von Gernfried zurück. Dabei rissen die Fäden, die Gernfried an das Wesen fesselten entzwei.

Das Krebsmonster schwebte in den Lichttunnel und wurde nach oben gezogen. Ich hörte noch ein schwaches „Danke", und schon war das Wesen samt Lichttunnel verschwunden.

Jetzt endlich konnten wir uns um Gernfried kümmern.

Uri richtete Gernfried auf, so dass ich sehr deutlich das Krebsgeschwür erkannte.

Es sah genauso aus, wie die Knoten auf dem Monsterkörper.

Etwas für mich völlig Neues geschah!

Plötzlich hielt ich eine Karaffe in der rechten Hand und ich folgte der Eingebung, den Inhalt direkt auf das Krebsgewebe des Kranken zu schütten.

Die Lichtflüssigkeit war rot und scharf, so scharf, dass die bekanntesten, schärfsten Chilischoten nicht an diese Schärfe heranreichten. Es musste fürchterlich brennen, als die Flüssigkeit in den Körper Gernfrieds eindrang, denn er stöhnte laut auf. Das scharfe Chili-Licht brannte und ätzte das Krebsgewebe vollständig weg. Ein widerlicher Geruch wie nach verbranntem Fleisch stieg in meine Nase, und auch mein Uri schüttelte sich.

Das Krebsgeschwür war verschwunden. An dessen Stelle fand sich ein schwarzes Loch, das wir mit einer anderen weißen Lichtflüssigkeit auffüllten. Ich sah, wie sich das gesunde Gewebe in Richtung des mit Licht gefüllten Lochs ausbreitete. Schließlich sorgte das Licht dafür, dass da eine Rosafärbung eintrat, die für uns ein Zeichen von Linderung war.

Offensichtlich ging es nun Gernfried besser, der in einen tiefen Schlaf gefallen war.

Gerlinde hatte von alledem nichts bemerkt.

Sie war nun an der Reihe.

Wir schickten ihr durch das Kronenchakra ein gelartiges, neonblaues Licht, das die Parasiten in Gerlindes Körper vollständig umschloss und wie eine blaue Milchlawine aus dem Körper herausquellen ließ. Uri nahm die klebrige Masse auf und verbrannte sie an Ort und Stelle.

Auf Gerlindes Haut wurde eine gelartige Lichtmasse aufgetragen, die sofort in die Haut einzog und die Parasiten bewegungsunfähig machten. Das nachfolgende weiße Licht sorgte wieder für Heilung.

Eine starke Entgiftung des gesamten Körpers erfolgte ebenfalls mit weißem Licht, und ich erhielt von Gerlinde ein Signal, dass es ihr besser gehe.

Ich erhielt von ihrem Unterbewusstsein noch weitere Informationen, warum das alles so war, wie es war.

Uri und ich zogen uns vorsichtig zurück und fanden uns in meinem Arbeitszimmer wieder.

Die Reise war zwar nun zu Ende, aber es folgte noch ein folgenschweres Telefonat mit Gerlinde.

„Hallo, Gerlinde, ich war eben bei Euch", begann ich das Gespräch. „Also, du hattest Parasiten in deinem Körper, die wir feinstofflich entfernt haben.

Trotzdem solltest du noch einmal zu deinem Hausarzt gehen, und ihn um eine körperliche Untersuchung bitten.

In deinem Darm und in deiner Gebärmutter waren Darmegel. Und deine Hauterkrankung: ebenfalls Parasiten!

„Das ist ja entsetzlich", unterbrach mich Gerlinde, „und wie komme ich an so etwas?"

Es kann mehrere Gründe geben, aber ich habe auf meiner Reise erfahren, dass es psychische und auch körperliche Probleme gibt.

Du scheinst dich über längere Zeit mit aromatisierten Lebensmitteln ernährt zu haben. Außerdem scheinst du nicht mit biologisch einwandfreien Waschmitteln zu waschen. Ich erfuhr von Schwermetallen in deinem Körper, welche auch immer das sein sollten. Ich kenne nichts davon. Trotzdem muss hier eine Ursache für deine Parasitenbelastung im Körper zu sehen sein.

Psychisch ist bei dir zu sehen, dass du einerseits eine räumliche Trennung von deinem Ex-Mann erreichen willst, es aber nicht schaffst, von ihm loszukommen. Du hast Schuldgefühle ihm gegenüber und willst ihm deshalb bei seiner Erkrankung helfen. Du hast Wünsche und Bedürfnisse deinem neuen

Freund Siegfried gegenüber, aber ihr seht euch zu selten - und es gibt ein weiteres Problem.

Im Bett läuft bei Euch nichts, denn Siegfried ist impotent.

Das saß - ich ging ja nicht gerade sehr einfühlsam mit Gerlinde um.

„Das ist ja nicht zu fassen!" Gerlinde war schockiert.

„Jetzt weiß ich auch, warum er nicht versucht, mich zu verführen und es nicht wagt, Annäherungsversuche zu starten. Aber immer, wenn ich ihn für ein paar Tage besucht habe und da nichts „passiert" ist, kam der Tag der Abreise, und da wollte er mit mir schlafen!"

„Ja, klar, Gerlinde, da konnte ja auch nichts mehr passieren! Da warst du auch keine Gefahr mehr für ihn. Und schau auch mal, wo du die Parasiten hast: im Darm und in der Gebärmutter.

Im übertragenen Sinn steht der Darm symbolisch für Verarbeitung und Verdauung. Was kannst du nicht mehr verarbeiten und verdauen? Die Krankheit deines Mannes?

Die Gebärmutter steht für Fruchtbarkeit und körperliche Vereinigung, Du wünschst dir das alles sehr, bekommst es aber nicht.

Da musst du einfach offen mit Siegfried sprechen."

Gerlinde war sprachlos! Über die schrecklichen Bilder zur Krebserkrankung ihres Mannes sagte ich ihr nichts.

Alles schien ihr irgendwie einzuleuchten, denn ein paar Wochen später rief sie mich an und erklärte, sie habe mit Siegfried „Schluss gemacht". Sie sei nur noch für Gernfried da, der sie mehr denn je brauche.

„Aus einer partnerschaftlichen Beziehung wird nichts mehr, aber ich will ihm helfen, wo ich nur kann. Aber eines ist seltsam, einen Tag nach deiner Geistreise fühlte sich Gernfried so stark wie selten. Er fuhr in die Klinik und ließ ein CT machen. Die Ärzte standen vor einem Rätsel - der Knoten war verschwunden und nicht mehr nachweisbar.

Gernfried ist in sein Büro gefahren und hat wieder begonnen, Häuser zu entwerfen.

Da steckst du doch hinter, oder?"

„Da sag ich nichts zu", meinte ich nur lächelnd.

Gerlinde hatte verstanden.

Ihre Haut beginnt heute wieder auszuheilen. Allerdings braucht sie noch ein wenig schulmedizinische Hilfe zur Beseitigung der Darmegel. Da reichte offensichtlich die feinstoffliche Arbeit nicht aus.

Aber die Geistdiagnose war richtig - zumindest ein Teilerfolg.

Wir haben erkannt, dass Bewusstsein und Energie eins sind.
Sarfatti

Lebenskampf

„Evi ist schwer krank. Sie schreit laut vor wahnsinnigen Schmerzen, die einem körperlich selbst wehtun."

So jedenfalls beschrieb Angelina mir am Telefon den „Notfall". Angelina nannte ihre Patienten immer die armen Schäfchen, und hier traf der Begriff wirklich zu.

Natürlich war ich sofort bereit, mich auf der Geistesebene um die arme Evi zu kümmern.

Evi war eine Frau im Alter von 40 Jahren und konnte schon seit etlichen Jahren ihren Beruf als Bibliothekarin nicht mehr ausführen, da ihr Körper nicht mehr mitspielte.

Evis Leben war nur noch ein Kampf gegen die wahnsinnigen Schmerzen, die sie immer wieder nur mit Hilfe von starken Tabletten und Tramal-Tropfen aushalten konnte.

Aber gelegentlich war Morphium die einzige Droge, die verhinderte, dass Evi wahnsinnig vor Schmerzen wurde.

Das arme Ding wog nur noch 45 Kilo und war zum Skelett abgemagert.

Die meiste Zeit des Tages lag sie im Bett und versuchte, einigermaßen mit der Krankheit klar zu kommen. Sie hatte Krebs im Endstadium. Ihr Freund Karl wohnte einige hundert Kilometer entfernt, besuchte aber regelmäßig Evi, um ihr beizustehen. Er liebte sie innig.

Was konnte ich da noch tun?

Trotzdem wagte ich den Schritt, zumindest an den Schmerzen etwas zu tun.

Mein Uribegleiter gestattete mir den Besuch bei Evi.

Mit meinen vertrauten Elektroden in der Hand brachte er mich zu Evi in die Wohnung. Alles war abgedunkelt.

„Wer ist da?" fragte Evi, die in ihrem Bett lag. Auf dem Nachttisch stand eine Armada an Tablettenröhrchen und Medikamentenschachteln.

„Angelina schickt mich, Ihr habt verabredet, dass ich Dir helfen sollte!"

„Ach, Uwe, du bist das! Es ist schön, dass du mich unterstützt, Weißt du, ich habe so starke Schmerzen, dass ich es kaum noch aushalten kann. Ich kann kaum noch essen oder trinken. Deshalb bin ich so abgemagert."

„Bleib ruhig, Evi, ich tue, was ich kann".

„Das ist lieb von dir!"

Uri schaute mich fragend an, und ich bat ihn, den Erzengel Raphael hinzuzuziehen.

Innerhalb weniger Sekunden war Raphael im Raum und schaute sich die Patientin an.

„Hier können wir nichts mehr tun!"

„Raphael, können wir ihr wenigstens die Schmerzen lindern?" bat ich ihn.

Er nickte nur und gab mir zu verstehen, dass dies für mich eine Prüfung sei.

Es folgte ein Frage- und Antwortspiel, an dem sich Uri und Raphael als sachkundige Prüfer beteiligten.

Raphael: „Was tust du als Erstes?"

„Ich schaue mir die gesamte Situation an!"

Uri: „Was siehst du denn da?"

„Ich sehe Evi in ihrem Bett. Zuerst betrachte ich ihr äußeres Aussehen. Da stelle ich fest, dass sie stark gekrümmt im Bett liegt."

Uri: „Und was siehst du noch?"

„Je länger ich hinschaue, desto mehr sehe ich Evi wie aus Glas!"

Raphael: „Ja, stimmt!"

„Ich schaue in den Körper von Evi und sehe: Sie hat Knoten im Magen, in den Nieren und entlang der Wirbelsäule! Ich empfange einen Hinweis, dass dies Metastasen sind!"

Uri: „Okay! Siehst Du in ihrem Umfeld irgendwelche Wesenheiten?"

„Nein, glücklicherweise nicht!"

Raphael: „Stimmt! Was machst du nun?"

„Ich arbeite nun mit Licht!"

Uri: „Tu´s ruhig, wir sind dabei!"

Wie aus Geisterhand hielt ich in der rechten Hand eine goldene Kanne mit einem hellweißen Licht. Dieses Licht schüttete ich der armen Evi in das Kronenchakra! Sofort verteilte sich das Licht mit den kleinen Wunderkerzensternchen in die erkannten Knoten, die durch das starke Licht verbrannten.

Eine zweite Lichtsendung mit weiß-goldenem Licht ließ das kranke Gewebe wieder rosafarben aussehen.

„Ich denke, das hat schon etwas gebracht", meinte ich.

Ich stieg in Evis Gehirn und konzentrierte mich auf ihr Schmerzzentrum. Dort veränderte ich die neuronalen Verbindungen im Gehirn und erreichte so, dass mir Evi ein Signal gab, es gehe ihr besser.

Ich stieg aus dem Gehirn heraus und erkannte, dass das arme Geschöpf eingeschlafen war.

Meine beiden Begleiter nickten zufrieden.

Scheinbar hatte ich die Prüfung bestanden.

Am nächsten Tag rief mich Angelina an und gab mir zu verstehen, dass Evis Zustand in Bezug auf ihre starken Schmerzen besser geworden sei, Sie habe sogar etwas gegessen und konnte auch ein Glas Wasser trinken.

Trotzdem hatte sich der Hausarzt von Evi dazu entschlossen, die Patientin ins Krankenhaus zu überweisen, ein kluger Entschluss, wie sich später herausstellte.

Evi hatte nach meinem Besuch eine andere Einstellung gefunden, da sie es geschafft hatte, ihre eigene schlimme Situation anzunehmen. Sie konnte die Schmerzen nun besser aushalten, ihr war aber auch bewusst, dass sie den Krebs nicht besiegen konnte. Dazu war er zu weit fortgeschritten. Auch meine Lichtsendung in das erkrankte Gewebe konnte daran nichts ändern.

Im Krankenhaus traf Evi auf einen sehr guten Schmerztherapeuten, der ihr recht gut helfen konnte. Leider hatte meine Lichtarbeit nur einige Tage angehalten – aber immerhin!

Im Krankenhaus hatte man Evi nun mittlerweile schmerzarm mit Medikamenten und Infusionen gestellt.

Mit meinem Urteilchenstrahler besuchte ich sie noch einmal im Krankenhaus. An ihrem Bett sah ich Karl, der ihr liebevoll die Hand streichelte. Evi lächelte. Sie strahlte irgendwie von innen so eine Ruhe und Liebe aus, es war ein Fest für die Augen, denn es breiteten sich wundervolle Lichtspiralen in allen Farben in dem Krankenzimmer aus.

Ich sprach Evi an: „Wie geht es Dir?"

„Wundervoll", antwortete sie mit einem schelmischen Lächeln, „ ich habe mich darauf eingestellt, diese Erde zu verlassen und in eine andere Welt zu gehen. Es wird bald zu Ende sein, aber ich gehe in Frieden. Es wird bestimmt schön dort sein, wohin ich gehe!"

„Gewiss", antwortete ich gerührt.

Evi war ein wundervoller Mensch, der sich anschickte, sein Schicksal anzunehmen.

„Kann ich noch etwas für dich tun, Evi?" fragte ich sie.

„Nein, mein Lieber! Es war lieb, dass du mir helfen wolltest, aber es ist für dich auch eine Lektion, dass du nicht alles regeln kannst. Wenn bestimmte Entwicklungen sein müssen, dann muss man sie akzeptieren."

Evi hatte mir noch vor ihrem Tod etwas Wertvolles beigebracht.

Sie starb am nächsten Tag.

Hinter jeder dunklen, schwierigen Frage
deines Lebens verbirgt sich göttliche Weisheit.
Hinter den tiefsten dunkelsten Fragen
birgt sich neues, wunderbares Licht
Otto Stockmayer

Julius

Es war spät am Abend. Ich hatte das Fernsehgerät eingeschaltet, war aber auf der Couch eingeschlafen. Meine Frau Inge hatte sich ein Buch aus dem Regal genommen, und las.

Da riss mich das Telefon aus dem Schlaf. Inge hatte den Hörer abgenommen. Es war Angelina.

„Wahrscheinlich wieder ein neuer Reisefall", dachte ich. So war es auch. Inge überreichte mir den Hörer.

„Sorry, du Armer. Ich habe dich geweckt. Du hast ja auch in der Bank so einiges um die Ohren.

Aber ich würde dich nicht anrufen, wenn der Fall nicht so eilig wäre.

Es geht um eine junge Familie. Ich gebe dir mal ein paar Anhaltspunkte.

Die Frau heißt Steffi und hat eine 9-jährige Tochter aus einer geschiedenen Ehe, namens Christa. Sie ist hierher gezogen, weil sie Abstand zu ihrem alten Leben brauchte. Nun lebt sie mit einem jungen Mann zusammen. Beide sind in verschiedenen Krankenhäusern im Pflegedienst tätig.

Sie hat offenbar große Probleme mit Christa.

Kannst Du mal nachschauen?

Das wäre sehr lieb von dir."

Mit dem Schlafen war es nun vorbei: „Klar Angelina, ich werde mir die Familiensituation mal anschauen und schreibe Dir dann eine Email, okay?"

„Gerne, du bist ein Schatz. Ich bin noch bis ca. 23.00 Uhr in der Praxis."

Nachdem ich mir die Anschrift und das Geburtsdatum von Steffi notiert hatte, nahm ich die Handelektroden meines Urteilchenstrahlers in die Hände und begann meine Reise.

Uri brachte mich schnell zu der kleinen Familie. Ich sah Steffi als zierliche, junge Frau mit einem lieben Gesicht. Christa stand neben ihr in der Küche und half ihrer Mutter.

Wo sollte ich nun anfangen?

Uri half mir weiter und wies auf Steffi hin, die mir gläsern gegenüberstand.

In ihrer rechten Brust sah ich einen dunklen Fleck, der sich jedoch bei näherem Hinsehen als nicht problematisch darstellte. Mit einem schnellflüssigen Licht, das direkt in ihre Brust geschüttet wurde, brannte das wuchernde Gewebe aus. Zwei weitere Lichtsubstanzen sorgten für ein Ausheilen der Wunde.

Allerdings erfuhr ich später von Steffi, dass der Knoten auf der linken Seite zu finden war.

Gelegentlich erhalte ich bei den Informationen die falsche Seite vermittelt. Aber das hat sich in der jüngsten Vergangenheit gebessert.

Wie gesagt - ich habe feinstofflich eine Ausbildung erfahren mit immer mehr Möglichkeiten der Wahrnehmung und Umsetzung.

Zurück zu Steffi und Christa:

Beide hatten ein angespanntes Verhältnis. Ich sah, dass Steffi von einer anderen Stadt hierher gezogen war. Christa war ihre Tochter aus erster Ehe.

Sie war ein sehr zierliches Geschöpf mit langen, blondgelockten Haaren. Sie hatte schlanke Gliedmaße und erinnerte mich in ihrem Verhalten und ihrer Erscheinung an eine Elfe.

Wie richtig ich hier lag, wird der geneigte Leser an anderer Stelle noch erfahren.

Christa war unglücklich. Sie spürte, dass ihre Mutter wenig Zeit für die Tochter aufbringen konnte, da Steffi in der neuen Stadt den Anspruch hatte, den Haushalt und ihren Beruf als qualifizierte Krankenschwester in einem Krankenhaus der Stadt unter einen Hut zu bringen.

Auch erkannte ich ein weiteres Problem. Steffi hatte mit Chris einen neuen Partner gefunden. Er war ebenfalls als Krankenpfleger in einem anderen städtischen Krankenhaus tätig. Die beiden liebten sich sehr innig.

Chris war aber der Typ eines global denkenden Menschen mit sehr hohen Ansprüchen, nur das Lichtvolle und Gute für alle Menschen anzustreben.

Da war natürlich zwar die Familie, aber auch der hohe zeitliche Aufwand für seine wertvolle Lichtarbeit.

Diese Zeit fehlte natürlich auch in der Erwartungshaltung Steffis, die sich alleingelassen fühlte.

Sie war einfach überfordert mit der Doppelbelastung und auch ihrem hohen Streben nach Perfektion: eine gute Mutter, eine gute Partnerin, eine gute Krankenschwester.

Der Tag war einfach zu kurz zur Bewältigung der vielseitigen Aufgaben.

Zwischen Steffi und Christa war im Herzchakra eine liegende, leuchtende Acht erkennbar, ein Zeichen für gegenseitige Liebe.

Und ich entdeckte noch etwas:

Steffi wünschte sich noch ein zweites Kind, dieses Mal von Chris. Der wusste allerdings noch gar nichts von den geheimen Wünschen Steffis.

Uri und ich sorgten für viel Licht und energetisierten die gesamte Familie.

Zurück von meiner Reise erreichte ich telefonisch Angelina, die mir die Familiensituation aus der 3-D Sichtweise bestätigte.

Zudem schrieb ich ihr meine Erkenntnisse aus der Urteilchenstrahler-Reise als Email mit der Bitte, die junge Familie zu informieren.

Einige Tage später rief mich Angelina ganz aufgeregt an:

„Du hattest in allem Recht mit Steffi und der Familiensituation. Steffi, Chris und Christa waren in meinem Geschäft, und Steffi hat geweint wie ein Schlosshund, als ich Ihnen Deine Email vorgelesen habe.

Steffi hatte sogar gemeint, ich hätte tief in ihre Seele geschaut."

„Das freut mich kolossal", sagte ich gerührt. „ Da hat Uri ja wieder ganze Arbeit geleistet!"

„Und Du auch", lachte Angelina.

Christa fühlte sich nach meinem Besuch wieder besser, da Steffi sie ihrer Liebe und Zuneigung versichert hatte. Zudem versprachen sie dem Mädchen, künftig noch mehr Zeit für sie zu haben.

Trotzdem erhielt ich nach einigen Tagen wieder eine Nachricht von Angelina, Christa sei dermaßen hyperaktiv, und

Chris wüsste nicht mehr, wie sie dieses Verhalten verändern könnte.

Da waren mein Urteilchenstrahler und ich wieder gefragt.

Ich reiste mit meinem Urigeist zu Christa und sah sie in der elterlichen Wohnung. Zuerst konnte ich nichts Ungewöhnliches feststellen.

Ich wartete.

Mit einem Mal sprang hinter Christa ein großer, bunt gekleideter Harlekin hervor.

Seine großen Augen standen aus den Augenhöhlen hervor, und sein starrer Blick wurde noch gespenstisch durch sein grimassenhaft verzerrtes Grinsen unterstützt.

„Wer bist Du?" fragte ich ihn.

Ein keckerndes Lachen ertönte: „ Ich bin Christa´s Begleiter! Ich mache, was mir gefällt, und Christa tut das, was ich ihr sage." Dabei sprang der lachende Harlekin um das Mädchen herum.

Alles, was ich sehen konnte, war, dass Christa dem Wesen völlig hilflos ausgeliefert war. Sie wurde immer unruhiger und begann schließlich ebenfalls damit, durch den Raum zu springen und zu tanzen. Dabei machte sie ebenfalls diese Grimassen des Harlekins nach und versuchte auch, das Lachen zu imitieren.

„Gehe in das Licht", sagte ich nur, als ich wahrnahm, dass sich links von den beiden der mir bekannte Lichttunnel bildete.

„Ich denke ja gar nicht daran", glotzte mich das Harlekinmonster an.

„Doch, Du gehst in das Licht. Du hast Angst, das spüre ich, aber das brauchst Du nicht. Das Universum liebt Dich, und es gibt Dir Liebe und Veränderung, egal, was auch immer du angestellt hast. Vertraue mir und gehe in das Licht."

Die Tanz- und Springbewegungen des Harlekins wurden langsam, auch veränderten sich seine Gesichtszüge. Er schaute nur noch traurig drein.

„Warum soll ich dir vertrauen?" fragte er mich.

„Weil ich dir vertraue, und weil ich in der Tiefe meines Herzens weiß, dass du erlöst werden willst. Glaube mir, es wird dir nichts geschehen."

Mit einem Mal ließ der Harlekin von Christa ab und ging vorsichtig in den Lichttunnel! Ein Leuchten umgab ihn sofort wie hunderte von Wunderkerzen, und er schwebte langsam nach oben.

„Vielen Dank, Uwe", rief er nach unten, und da war er auch schon verschwunden.

Christa war total erschöpft zusammengesunken und saß auf einem Stuhl. Ich spendete ihr stark leuchtende Herzenergie. Dazu nahm ich ihre Füße in die Hände und ein starkes Licht durchströmte ihren Körper. Dabei bildeten die bunten Lichtstrahlen in ihrem Herzen eine Spirale, die schließlich den gesamten Körper umflossen.

Die Energie erreichte ihr Ziel, denn Christa lächelte plötzlich und gab mir zu verstehen, dass ich ihr geholfen habe.

Da zog ich mich mit meinem Uri wieder zurück.

Aber es gab in unserer 3-D Welt noch eine Bestätigung über meine Wahrnehmung.

Angelina schrieb mir in einer Mail, dass Christa am gleichen Tag meines Besuches einen Harlekin mit ihren Buntstiften gemalt hätte - mit großen Augen und einem Grinsen im Gesicht.

Und keiner hatte ihr etwas von meiner Urireise zu ihr gesagt.

Ich war beeindruckt!

Einige Wochen später meldete sich Angelina noch einmal mit der Bitte, bei der Familie wieder nachzuschauen.

Dieses Mal war Chris mit einem beruflichen Problem konfrontiert. Er war arbeitspolitisch als Personalrat zu seinem Job tätig und wollte noch mehr für die Angestellten des Krankenhauses erreichen.

Nach meinem feinstofflichen Uribesuch bei Ihm und im Krankenhaus schilderte ich ihm sehr ausführlich über eine Email an Angelina, dass sein ehrbares Vorhaben kaum Chancen auf Erfolg hätte, da die Menschen nicht reif seien, seine Ideen mit zu tragen.

Uri vermittelte mir die Information, dass der Schwerpunkt der beruflichen Arbeit von Chris in der medizinischen Ausrichtung zu sehen war, da er sehr gute Anlagen habe, als Heilpraktiker zu arbeiten.

Es ergab sich, dass ich nach ein paar Tagen mit Angelina telefonierte. Sie schilderte mir, dass Chris sehr beeindruckt gewesen sei über die ausführlichen Angaben.

Aber er habe sich bestimmte Ziele für seine Kollegen in den Kopf gesetzt, und die wolle er verfolgen.

Okay, ich schildere immer die Dinge, die ich gemeinsam mit Uri erlebe, und ich gebe nur die Informationen weiter, die ich von Uri auf den Geistreisen erhalte.

Deshalb war ich Chris auch nicht böse über seine klaren Zielvorstellungen.

Mit der Zeit kamen hin und wieder Anfragen der jungen Familie auf mich zu, so dass ich mich entschloss, direkten Email-Schriftverkehr mit der Familie vorzunehmen.

Eines Tages war es soweit. Steffi war schwanger!

Mutter und Kind ging es gut. Ich freute mich für die junge Familie und schaute natürlich heimlich nach, ob es ein Junge oder ein Mädchen werden sollte.

Ich sah einen Jungen in Steffis Bauch, verriet aber keinem etwas davon, weil die Eltern über das Geschlecht des Kindes keine Informationen haben wollten.

Aber ich sah noch mehr. An Steffis Bauch hing ein widerliches kleines Wesen, etwa so ähnlich wie ein Gnom.

„Wer bist du? Was machst du bei dem Kind?"

„Das Kind, wie du sagst, hat besondere Kräfte in sich, und ich bin bei ihm, um es zu bewachen."

Da tauchte wieder der Lichtkanal auf, und es gelang mir mit Hilfe von Uri, das Wesen in das Licht zu schicken.

Damit war der Kleine befreit. Darüber sagte ich den Eltern nichts, um sie nicht zu beunruhigen.

Die Monate vergingen, und scheinbar war alles in Ordnung mit dem Baby, denn die Emails blieben aus.

Umso erstaunter war ich, als ich eines Abends eine Nachricht von Chris erhielt, ich möchte doch bitte dringend helfen, denn es bestand die Gefahr, dass Steffi ihr Kind verlieren könnte.

Es hatten bereits Wehen eingesetzt.

Sofort nahm ich wieder meinen Urteilchenstrahler und reiste mit meinem Geistbegleiter zu Chris und dem Kleinen.

Er lag im Mutterleib und machte einen unglücklichen Eindruck. Ich entschloss mich, den Jungen im Mutterleib zu besuchen.

„Wer bist du denn? Ich habe dich schon einmal gesehen! Da wolltest du wissen, ob ich ein Junge bin. Ja, bin ich!"

„Ich heiße Uwe und habe Kontakt zu deinen Eltern, kleiner Mann."

„Und was willst du hier?"

„Ich will dir helfen, denn ich habe gehört, dass du aus deiner sicheren Höhle im Mutterleib aussteigen möchtest.

Was ist der Grund dafür?"

„Ich spüre die Ängste meiner Eltern, ob sie mich finanziell wegen ihrer beruflichen Probleme und Sorgen durchbringen werden. Deshalb möchte ich ihnen durch meine Anwesenheit keinen Kummer bereiten. Wenn ich weg bin, sind ihre Sorgen auch verschwunden."

„Nun - kleiner Mann, das ehrt dich, aber du hast auf diesem Planeten noch viele wichtige Aufgaben zu erfüllen.

Um die finanziellen Sorgen deiner Eltern brauchst du dir keine Gedanken machen. Es wird dich beruhigen, wenn ich dir verspreche, mit deinen Eltern zu sprechen.

Sie lieben dich von ganzem Herzen, und sie freuen sich schon sehr auf dich. Aber alles zu seiner Zeit. Jedenfalls ist eine Flucht aus dem Bauch nicht die Lösung. Deshalb wirst du dich noch etwas gedulden müssen.

Auch ich freue mich schon darauf, dich als neuen Erdenbürger begrüßen zu können. Aber erst nach neun Monaten, mein Junge!"

Steffis Junior schaute mich mit großen, prüfenden Augen an und umarmte mich dann.

„Du bist lieb", meinte er nur noch und schlief dann beruhigt ein.

Chris schilderte ich nach meiner Rückkehr in einer Email meine Eindrücke und das Gespräch mit seinem Ungeborenen.

Prompt kam die Rückantwort, in der er mir genau diese Angst besetzte Familiensituation bestätigte.

Er versprach aber, sofort mit seiner Frau zu sprechen und bewusst und mutiger damit umzugehen.

Ein paar Tage später schrieb er mir wieder. Die Gefahr mit der Fehlgeburt war gebannt.

Das Vertrauen dieser lieben Familie mir gegenüber rührte mich sehr, denn einen Arzt wollten sie nicht konsultieren, obwohl ich dringend dazu geraten hatte.

Die Monate vergingen, und bald stand die Geburt des Babys an. Mittlerweile wussten die Eltern bereits, dass es ein Junge werden sollte – dank der Weihen der Gerätemedizin.

Das Ultraschallbild hatte es an den Tag gebracht.

„Kannst du mir einen Gefallen tun?", schrieb eines Tages Chris, „kannst du uns sagen, wie unser Sohn heißen möchte?"

Solch einer Bitte kam ich nicht gerne nach, denn ich sah es nicht als meine Aufgabe an, Namen zu vergeben,

Trotzdem ließen Chris und Steffi nicht locker.

Schließlich gab ich auf: „Na schön, aber nur unter der Bedingung, dass ihr euch für den Kleinen selbst einen Namen aussucht."

„Okay", war die kurze schriftliche Antwort von Chris in seiner kurzen und prägnanten Art.

Also, Uri, es geht wieder los.

Als ich mit Hilfe des Urteilchenstrahlers vor Steffis dickem Bauch stand, sah ich einen schlafenden Jungen, der an seinem Daumen nuckelte und dabei sogar singende Töne von sich gab.

Ungefragt ging ich geistig in den Mutterleib.

Natürlich wurde Junior wach und raunzte mich an: „ Du hast mich gerade geweckt - ich habe so tief geschlafen!" Dabei räkelte er sich in alle Richtungen.

„Das tut mir leid, aber deine Eltern wollten etwas wissen!"

„Was denn?" gähnte er.

„Na, sie wollen wissen, wie du heißen möchtest."

„Das habe ich doch schon Christa erzählt. Wir kennen uns schon so lange, auch aus einem früheren Leben her.

Weißt du, sie ist hier meine Schwester!"

„Ja, ich weiß, aber nun sag mir doch noch mal, wie dich alle nennen sollen?"

„Na schön", maulte er vor sich hin, „ ich heiße Julius!"

„Wirklich? Du möchtest Julius genannt werden? Willst du keinen anderen Namen für dich?"

„Nein - ehrlich, ich bin in diesem Leben Julius! Sag das meinen Eltern, ja?"

„Ja, mein kleiner Julius!" lächelte ich ihn an.

„So, nun lass mich schlafen, Uwe!" Dabei nahm er meinen Kopf mit seinen Ärmchen und gab mir einen Kuss auf die Stirn. Sofort fielen ihm wieder die Augen zu, als er es sich wieder in seiner Höhle bequem machte.

„Mach es gut, kleiner Julius", verabschiedete ich mich von ihm.

Als ich wieder an meinem Schreibtisch zu mir kam, legte ich meine Handelektroden beiseite. Eine Träne lief aus meinem Auge, so gerührt war ich.

Nachdem ich mich wieder gefasst hatte, beschrieb ich den Eltern meine Geistreise zu dem Ungeborenen per Email und nannte ihnen den Namenswunsch „Julius".

Gleichzeitig mahnte ich die Eltern noch einmal, einen eigenen Namen für ihr Kind zu suchen.

Aber meine Befürchtungen waren unbegründet.

Chris schrieb mir zurück:

„Christa redet schon seit Wochen von ihrem Brüderchen namens Julius. Für Christa ist der Name schon lange bekannt!

Danke dir für deine Bestätigung und deine wundervolle Gabe!"

Julius ist mittlerweile geboren worden - ein strammer Bursche mit aufgeweckten, listigen Augen, die liebevoll in die Welt blicken.

Und er hat die glücklichsten Eltern der Welt!

In der 7. Dimension herrscht nur Liebe
Richard Weigerstorfer

Christus und die 7. Dimension

Mein Urteilchenstrahler ist für mich die reine Offenbarung. Auf allen Reisen empfinde ich nur Gefühl, Liebe und Rührung.

Und wenn die Geistige Welt durch meine Arbeit Menschen hilft, sei es durch Gesundungsprozesse oder dadurch, dass ich das Lebensschiffchen der Gestrandeten wieder ins Wasser drücke, dann empfinde ich ein Gefühl der Dankbarkeit den Menschen gegenüber, für die ich etwas tun darf, die das Vertrauen in mich setzen, ihnen helfen zu dürfen.

Es ist einfach fantastisch.

Aber der geneigte Leser wird auch bemerkt haben, dass die Reisen teilweise auch anstrengend, gefährlich und auch die Bilder sehr unangenehm werden können, wenn ich das einmal vorsichtig ausdrücken darf.

Daher bedarf es immer wieder eines guten Schutzes auf den Reisen.

Dazu nehme ich oft auch Christus mit auf Reisen, wie Sie es gelesen haben. Er gibt mir den Schutz, den ich auf diesen Reisen benötige.

Ich habe im Laufe der Jahre durch die Arbeit mit meinem Urteilchenstrahler und den lichten Geistigen Wesen sowie Christus eine Art Einweihung durchgemacht. Es gab auch Misserfolge, es gab Rückschläge und es gab auch Entwicklungen.

Wie entwickelt man sich auf solchen Reisen?

Ich kann es nur so beschreiben, dass ich immer mehr Aufgaben zu bewältigen hatte. Meine anfängliche Passivität auf solchen Reisen wechselte in große Aktivitäten, in dem ich sogar Operationen durchführen durfte.

Engelwesen befragten mich bei einigen Besuchen von bestimmten Menschen, wie ich nun vorgehen würde.

Es waren Prüfungen!

Erst vor kurzem ergaben sich wieder Steigerungen!

Als ich Christus bei einem sehr schweren Fall um Hilfe bat, nahm er mich lächelnd beiseite und sagte auf der „anderen" Seite zu mir: „Du brauchst meine Hilfe nicht mehr!" Dabei strich er mit seiner Hand über meine Stirn und ich sah ein helles weißes Licht in meinen Augen. Dabei empfand ich nur Frieden und Liebe.

Ich war ja von meinen Reisen mit dem Urteilchenstrahler Einiges gewohnt, aber das war schon sehr aufwühlend für mich.

Christus teilte mir mit, er übertrage mir bestimmte Fähigkeiten von sich.

Das klingt nun so überheblich wie auch vielleicht für den Leser schwer nachvollziehbar.

Aber bei meiner Ehre, es ist so passiert.

Nach diesem Ereignis mit Christus habe ich noch einige Reisen zu hilfebedürftigen Menschen unternommen, wobei ich natürlich auch wieder Christus um Hilfe gebeten habe.

Er kam auch zu mir, meinte dann aber immer wieder:

„Du brauchst mich nicht mehr! Das kannst du nun alles allein!"

Und tatsächlich - Engelwesen assistierten mir bei den Reisen.

Seit Jahren pflege ich einen engen freundschaftlichen Kontakt zu Richard Weigerstorfer, dem Erfinder des Urteilchenstrahlers. Ich habe ihm oft von meinen Reisen erzählt, von den Dingen, die ich dort erleben darf und teilweise auch erleben muss, von meinem Glücksgefühl, wenn es den Menschen wieder besser geht, von meinen Zweifeln, die ich manchmal auch hatte, wenn ich bestimmte Geistreisen unternahm.

Er ist mir immer ein guter Ratgeber in den Dingen.

Natürlich schrieb ich Richard auch eine Email zu der Kräfteübertragung von Christus.

Da überraschte mich ein kleines Päckchen von Richard, der es sich nicht hatte nehmen lassen, eine DVD eigens für mich und meine Frau Inge aufzuzeichnen.

Als ich abends von meiner Arbeit nach Hause kam, machten wir uns sofort daran, die DVD in den Recorder zu legen und abzuspielen!

Es war einfach faszinierend, wie kenntnisreich, liebevoll, emotional und humorvoll uns Richard von der Systematik des Weltenschubsens, den Dimensionen und der Christusenergie erzählte.

Da sind Mystik und Quantenphysik im Einklang!

Da all diese Informationen direkt bei Richard Weigerstorfer bestellt werden können, will ich hier nicht weiter auf die Einzelheiten eingehen, sondern lediglich davon erzählen, wie Richard auf dem Film darstellte, dass der Urteilchenstrahler ausschließlich die Energie aus der 7. Dimension in die Mitte unserer Herzen leitet. Diese Energie ist die reine Christusenergie, die reine Liebe.

Christus, der selbst seine Energie aus der 12. Dimension, aus dem göttlichen Herzen bezieht, überträgt seine eigene Liebeskraft aus der 7. Dimension auf Menschen, die dann auch zu einer Art Christus werden.

Ein solcher Mensch ist Richard!

Auch er hat besondere Fähigkeiten, die er stets zum Wohle der Menschen umsetzt.

Richard bezeichnete Inge und mich als Christusmenschen, die ihre Liebe aus der 7. Dimension beziehen.

Er hat aus meiner Sicht Recht, sonst könnte ich nicht die Dinge tun, die ich tue.

Den Worten Richards wollte ich natürlich auf einer Geistreise nachgehen. Deshalb reiste ich mit Uri zu Christus in die 7. Dimension.

Da war nur Leichtigkeit, Licht und Friede, Christus umarmte mich und wir sprachen von den Dimensionen.

Auf meine Frage, ob ich auch einmal in die 12. Dimension reisen dürfte, nickte er zustimmend.

Also holte ich Richard feinstofflich in Regensburg ab und reiste mit ihm in die 12. Dimension.

Eine Tür öffnete sich und wir waren in einer kathedralenähnlichen Halle aus purem Licht. Helle Lichtwesen verschmolzen mit dem Weiß des Hintergrunds. Das blendende Licht verursachte zunächst in unseren Augen Schmerzen, die aber nachließen, als wir uns an die Leuchtkraft gewöhnt hatten. Ein Engelwesen führte uns zu zwei Glaskabinen, in die wir einsteigen sollten. Wir stellten uns hinein und warteten. Plötzlich hüllte uns von den Füßen aufwärts strebend weißes Licht vollständig ein. All unsere Sorgen und Ängste, alle Probleme des Alltags lösten sich auf. Ich schaute in Richards Glaskabine. Auch er lächelte.

Nach ein paar Minuten wurden wir wieder aus den Kabinen hinausgeleitet und ich brachte Richard wieder in seine Firma.

Zu Hause angekommen schrieb ich Richard sofort meine Wahrnehmungen, der sich ebenso über diese Reise freute.

Ich habe in diesem Buch nur einige Reisen zusammengetragen. Es sind noch viele Geschichten in meinem Kopf, die von Tag zu Tag, von Woche zu Woche mehr werden. Immer mehr Menschen suchen Hilfe, die ich gerne vermittele. Wenn die Leser nach der Lektüre dieses Buches noch mehr erfahren möchten, so schreibe ich einfach ein zweites Buch.

„Schreib doch endlich Dein Buch!" Diesen Satz hörte ich oft von meiner Frau Inge, die mich immer wieder daran erinnerte, wie wichtig es wäre, noch mehr Menschen mit den Erfahrungen in Kontakt zu bringen.

Es war nicht einfach, alle geschriebenen Geschichten neben meinem Bankjob fertig zu stellen, aber jetzt, da es geschrieben ist, freue ich mich darüber sehr.

In Ägypten steht auf einer Pyramidenwand;

„Jeder Mensch hat einen Anspruch darauf, ein glückliches und erfülltes Leben zu führen."

Tragen wir alle dazu bei!

Du solltest wissen und verstehen, dass es Herausforderungen und schwierige Zeiten geben wird.

Versuche nicht, ihnen aus dem Weg zu gehen. Heiße sie willkommen, dankbar. Nimm sie als großartige Geschenke von Gott, als herrliche Gelegenheiten, um das zu tun, um dessentwillen du in die Beziehung eingetreten bist - und ins Leben.

Neale Donald Walsch, Gespräche mit Gott, Band 1

Nachwort

Uwe Frantzen hat bisher seine Reisen und die damit verbundene Arbeit immer kostenlos gemacht. Nach einem 10 - 12 Stunden Tag in der Bank eine bestimmt anerkennenswerte Leistung. Ich wünsche mir jedoch, dass er in Zukunft von seiner geistigen Arbeit leben kann, da sie viel segensreicher ist als die bisherige.

Ich würde mir wünschen, dass Sie für die Arbeit, die er leistet, einen Pauschalbetrag für Beratertätigkeit an ihn überweisen.

So ergibt sich vielleicht die Möglichkeit für ihn, in absehbarer Zeit sich seiner Begabung hauptberuflich widmen zu können.

Hier seine Emailadresse, wenn Sie Kontakt aufnehmen wollen, er wird Ihnen dann alles Nötige mitteilen.

uriwork@t-online.de

Falls Sie Interesse an der Ausbildung haben, bitte eine kurze Nachricht an den Verlag, wir sammeln die Interessenten und geben Bescheid, wenn wir eine Ausbildung ansetzen.

info@riwei-verlag.de

Herzliche Grüße

Richard Weigerstorfer

Weiter Bücher des RiWei-Verlags

Ralf Johann Göppert: ***Praktischer Alltag mit dem ORa Orgon-Strahler***

Unermüdlich erforschte Ralf Johann Göppert den ORa Orgon-Strahler. Das Resultat ist ein märchenhafter Erfahrungsbericht, der in immer neuen, schillernden Farben von der Begeisterung des Autors über die Effektivität und die Vielfältigkeit der Einsatzmöglichkeiten des ORa Orgon-Strahlers erzählt. Durch spielerische Wissensvermittlung ermöglicht uns dieses Buches, viel über den ORa Orgon-Strahler zu lernen, ohne sich dessen bewusst zu sein. Für jeden, der mit dem ORa Orgon-Strahler arbeiten will, stellt dieses Buch eine kleine Schatzkammer mit einer Fülle von praktischen Erfahrungen und Anwendungsideen dar: Eine Pflichtlektüre für alle ORa Orgon-Strahler-Benutzer.

Lena Lieblich: ***Kathi und andere Geschichten***

Zum Teil zusammenhängende, märchenhafte Kurzgeschichten, die sich auf spannende, phantastische, aber auch lehrreiche Weise mit positiven Lebenswerten und allgemeinen esoterischen Weisheiten befassen.

Dieses Buch ist überwältigend in seiner Aussagekraft. Die Kurzgeschichten, die modernen Märchen ähneln, reihen sich einem Sagenzyklus gleich aneinander. Wie Märchen schaffen sie es, uns beim Lesen ein warmes, wohliges Gefühl im Bauch zu hinterlassen.

Lena Lieblich: ***Schlank und vital durch die Kraft der Vision***

Ein Schlankheitsbuch, das keine bestimmten Fitnessprogramme und Ernährungsmodelle fordert. Vielmehr wird durch eine visionäre Umgestaltung der Gedankensstrukturen eine Veränderung der Lebens- und Essgewohnheiten gefördert.

Lena Lieblich: ***Die Einsatzmöglichkeiten und der richtige Umgang mit dem Orgon-Strahler***

Dieses Buch stellt das Standard- und Hauptwerk über Orgon-Energie und über die Arbeitsmethoden für Energie-Strahler dar. Der Schwerpunkt dieses Buches ist zweifellos die Handhabung des ORa-Orgon-Strahlers, bzw. des Urteilchen-Strahlers. Hierfür liefert uns Lena Lieblichs Buch viele Anregungen. Alle Übungen sind gut nachvollziehbar und Fotos bzw. Zeichnungen helfen uns dabei, das weit reichende Wissen der Autorin auch für uns nutzbar zu machen.

Erich Keller: ***Duft und Gemüt***

Ein Arbeitsbuch der Düfte. Alle emotional, geistig und seelisch wirksamen ätherischen Öle und ihre Anwendungsmöglichkeiten, sowie das Herstellungs- und Mischverfahren der persönlichen Duftnote werden behandelt.

Erich Keller: ***In Wahrheit begegnen: Begegnung – Beziehung - Partnerschaft***

Das Geheimnis lockerer, authentischer Beziehungen wird in diesem Buch in leicht nachvollziehbaren Schritten gelüftet und vermittelt. Erleben Sie Ihre Begegnungen und Beziehungen neu.

Helge Russ: ***Der Gürtel des Orion***

Ein esoterischer Roman, der geschickt esoterisch-orianische Weisheiten mit einer Liebesgeschichte, die in einem spannenden Science-Fiction Szenariospielt, verbindet.

Keman: ***Wege ins Licht: Das Erwachen der Götter*** (Teil 1)
Wege ins Licht: Die Rebellion der Götter (Teil 2)
Wege ins Licht: Das Spiel der Seelen (Teil 3)

Plejadische Übermittlungen, die uns, den göttlichen Kindern des Lichts, helfen können, damit wir die Entwicklung von der vierten in die fünfte Dimension schneller, leichter und fließender vollziehen können.

Berthold Chales-de Beaulieu: ***Meine Gartengeister: Gespräche mit Naturwesen***

In diesem amüsant geschriebenen und leicht lesbaren Buch, widmet sich Berthold Chales-de Beaulieu ganz den Pflanzengeistern seines Gartens, die, stellvertretend für alle Pflanzen der Erde, Rede und Antwort stehen.

Berthold Chales-de Beaulieu: ***Esophora: Anleitung zur zwischenmenschlichen Meisterschaft***

Ein Monolog Chales-de Beaulieus, in dem er sich mit den Alltagsproblemen seiner Schüler befasst, um zu diesen esoterische Deutungsmöglichkeiten anzubieten und dadurch ein neues Weltbild im zwischenmenschlichen Bereich zu inspirieren.

Richard Weigerstorfer: ***Bio-Wippen: Das Training der Zukunft***

In diesem Buch werden viele medizinische, physiologische und psychologische Wirkungen vom Zimmertrampolin und vom Bio-Wipp-Gerät beschrieben. Im Anschluss finden sich die unterschiedlichsten Übungen und wertvolle Trainingsprogramme.

Peter Beck: ***Astrologie des Lichts - Eine erneuerte Astrologie der Fixsterne für das Wassermann-Zeitalter***

Dieses Buch ist eine lichtvolle Erweiterung der herkömmlichen Astrologie, die uns zu Beginn des Wassermann-Zeitalters die gewaltig lichtvollen Räume des Universums, die große Bereiche des Geistes im Horoskop vertreten, durch Einbeziehung der Fixsterne wieder zugänglich macht.

Informationen zur Urteilchen-Technologie

finden Sie unter:

www.urteilchen.de

www.wu-wei.de

Uri mit Wabe